3~6歲 在家就玩蒙特梭利

把握孩子成長敏感期，最實務的個性化家庭教育方案

具國際蒙特梭利教育資格證書之首對華人夫妻
尹亞楠、吳永和——著

U0049629

推薦序　用蒙氏教育培養面向未來的全新兒童

瑪利亞．若斯（Maria Roth）　德國AMI資深培訓師、認證考官

很榮幸能為我兩位學生所寫的書作序。我和亞楠、永和夫婦的關係早已不局限於師生，更是摯友。雖然他們畢業快十年了，但我們一直保持著緊密的聯繫，不論他們去了哪裡，法國、德國，還是中國。

我與蒙特梭利教育結緣，要從幾十年前說起。一九七〇年，瑪麗亞．蒙特梭利的兒子馬里奧．蒙特梭利（Mario Montessori）在德國慕尼黑舉辦了第一期國際蒙特梭利教育培訓，我有幸成為他在德國的第一屆學生。後來，馬里奧成了我的培訓師導師，我跟隨他學習，並在一九七六年成為德國首位蒙氏培訓師。馬里奧來過我的培訓中心，親自指導我和孩子們工作，我想說，是馬里奧帶著我在蒙特梭利教育之路上持續地成長和蛻變。

多年之後，當亞楠第一次走進我的教室時，我充滿了期待，因為她將是我的第一位中國學生，而且亞楠同我年輕的時候一模一樣，對兒童教育有著超乎尋常的熱情。

有一次，亞楠的先生永和在旁等待她下課，我便邀請永和來旁聽。想不到因為永和的加入，那節課變得妙趣橫生，我們進行了很多有意義的討論。課後我極力說服永和同亞楠一起來參加培訓，他想了幾天，終於答應了。就這樣，永和便成了我唯一「請求」來的學生。

直到亞楠和永和在國際蒙特梭利協會AMI 3～6歲的畢業證書上填寫身分時我才知道，永和是德國博士。「博士」的教育體系本就起源於德國，擁有博士頭銜的人在德國是備受尊重的。我當時非常驚訝，驚訝於我這位學生的低調和謙和。

亞楠每週都會來我的幼兒園實習幾天，我對她要求非常嚴格，因為她是我的第一個中國學生，誰知道她將來會不會像我一樣成為中國第一個蒙氏國際培訓師呢？

畢業的時候，亞楠的優秀表現令很多考官印象深刻。當我問她未來的計畫時，她說想回法國工作，並嘗試一些其他的方向。亞楠後來沒有像我一樣繼續深入鑽研3～6歲的兒童教育，而是又去參加了AMI 0～3歲的培訓，之後開始翻譯、出版書籍。亞楠一直像個蒙氏兒童，充滿了熱情和創意，她知道自己喜歡什麼、適合什麼，想法堅定而執著。不論亞楠在蒙氏教育的哪個階段、哪個方向工作，我相信她都會將這種做事的內驅力、堅持力、獨立思考的能力傳遞給周圍的人。顯而易見，她最先傳遞給了她的讀者。

亞楠和永和在這本書中，為大家所展示的蒙特梭利博士關於兒童發展的研究，都是基於科學的。所有父母都想給予孩子最好的教育，所以很有必要透過本書來瞭解孩子到底有多大的潛能。

為了讓孩子將潛能發揮出來，你需要一個能提供孩子自由選擇機會的環境，透過一些優美且設計嚴謹的教具來激發孩子的親身體驗。在自由探索的過程中，孩子很可能會出現很多錯誤。但什麼是錯誤呢？錯誤僅僅是不符合成年人期待的結果而已。錯誤有它存在的理由，就像青黴素的發現就是從「錯誤」而來。

蒙特梭利博士長期觀察孩子，這就是為什麼她能夠發現孩子是如何學習的，以及學的是什麼。蒙特梭利博士是科學家出身，她設計的所有教具都基於科學知識，她先讓孩子從教具中獲得感官印象，然後再給予他們對應的詞彙。蒙氏教育領域有句俗語：透過手和心靈學習。蒙特梭利博士也說過，要讓孩子體驗「有情感的學習」。孩子們明白事理、欣賞事物，他們不會故意去破壞任何東西。

我的幼兒園曾經來過一位參訪者，她想知道在蒙氏教育環境下，孩子的表現是怎樣的。結果這位參訪者發現，我這裡的孩子都是用「真刀實槍」在工作，因為一把塑膠刀是沒辦法讓孩子獲得成功的學習經驗的。成年人見此狀況通常非常擔心，但他們不會向孩子示範正確用法，而是簡單直接地將自認為危險的用品從孩子身邊拿走。在我的幼兒園，我會和孩子一起準備餐桌、共進午餐，因為他們想弄清楚所有的事情，想親手去做所有成年人會做的事情。

蒙特梭利博士用一種獨一無二的方式在教具中展示出教育科學，我們向孩子示範教具，孩子模仿、重複，一直到他獲得這項能力。

最後，那位參訪者驚訝地說道：「孩子們沒有玩具，他們完全自主地讀寫，他們還學習數學，這一切都是真的！更令人震驚的是，所有的孩子都這麼開心！」

是的，孩子們跟隨內在的指引，因而積極、活躍，他們允許自己犯錯，然後自己修正錯誤，成年人只有在他們需要幫助的時候才出現。

我經常看到，如果成年人沒能為孩子提供他們當下想要的支援，之後孩子就不再想做這件事了。比如蒙特梭利博士發現，孩子在3歲多的時候開始對書寫的動作感興趣，而到了大約4歲半，這個興趣就消失了，因為那時孩子開始對別的事情產生了興趣，那就是閱讀。所以，我們要關注科學，瞭解如何及時地為孩子提供他們當下所需的營養，不論是生物、地理，還是語言、數學。提供的時機非常重要，把握好時機的祕訣就是始終以孩子為中心，如果他不想做，那他有自由選擇其他活動的權利。

在德國，我經常被質疑向幼兒園的孩子提供「大學」課程。可是孩子們的確渴求知識啊，他們如此好奇，他們並不是像在學校裡那樣透過考試來獲得知識的。你能聽到很多孩子快樂、自豪地歡呼：「我可以數到百萬了！」

但是，這些知識並不是教師教授給孩子的，而是那些邏輯嚴謹的教具讓孩子們學會的。馬里奧・蒙特梭利曾經跟我說：

孩子的興趣最重要。我們不能阻止孩子去學習，如果孩子沒有做好準備，就不要將這個知識強加於他。我們不需要講很多，因為教具自己會解釋。我們只是準備好教具，並示範教具的用法。

我問一個孩子：「你是怎麼學會的？」孩子給我的答案是：「我沒有學，我只是做而已。」這種無意識的學習便是蒙特梭利教學法的精華：吸收—記憶—分類—結構—整合。所有這一切都發生在準備好的環境中，在孩子自主選擇教具的過程中。如今流行的「自主學習」之說便是同樣的道理。

我謹代表眾多孩子的父母，衷心感謝亞楠和永和著完此書。孩子需要父母，他們愛父母，而父母需要更多的知識和方法，來幫助自己更好地理解孩子的成長。過去的方法存在著問題，我們需要一種全新的教養方式來培養蒙特梭利博士所發現的「新兒童」。

前言 法式的「好好學」和德式的「好好玩」

3～6歲上幼兒園的這三年，是應該讓孩子好好玩，還是好好學？有多少華人父母一直在這兩條路上左右搖擺。

很多文章聲稱：西方教育就是讓孩子在幼兒園裡好好玩，什麼也不學。其實這裡所說的「西方」，概括不了所有的西方國家，即使是在同一個國家，不同地區的育兒風格也可能大不一樣。

我早先在法國的幼兒園當老師，有了孩子之後，成為德國幼兒園的孩子家長。深入德、法兩國「育兒圈」後我很快發現，就連近在咫尺的兩個歐洲國家，幼兒教育理念都大相徑庭。比如在法國，孩子上幼兒園的第一天，家長會對孩子說：「好好學。」但是在德國，家長就會對孩子說：「好好玩。」

有段時間，我經常在學校放假或者開學之際乘坐火車往返於德、法兩國，沿途遇到過不少帶著孩子穿行歐洲大陸拜訪親戚的家庭，常會聽到德國的爺爺嫌棄法國幼兒園老師總教孩子認字、數數，或者法國的媽媽抱怨德國幼兒園完全放養，諸如此類的聲音。

我們到底是應該讓孩子像德國孩子一樣「好好玩」，還是像法國孩子一樣「好好學」呢？在德、法兩國生活的十年裡，我不斷與一些跨越兩國的教育工作者進行探討，想不到我們都有非常相似的觀察體會。

德國是幼兒園的發源地，英文「kindergarten」來自德語，直譯是「兒童花園」。不過與創始地位不相匹配的是，在聯邦德國時期，西德很多州的幼兒教育系統沒有得到太多來自政府的支援，因此，德國的幼兒園流派眾多，它們各自自由發展，品質參差不齊。直到今天，德國很多城市的幼兒園學額還很緊缺，學費昂貴。

第二次世界大戰之後，德國愈發青睞自由寬鬆的育兒風格，可能也有關於社會公平的考量，使得德國傳統的幼兒園老師及家長都不贊成孩子在幼兒園期間接觸讀寫、算術等內容，孩子們在幼兒園多是自由玩耍，因此到了小學一年級，絕大部分德國孩子都處於同一起跑線。而在德國傳統文化的影響下，幼兒園老師們相對重視音樂教育和自然教育，有不少德國幼兒園不論颳風下雨、嚴寒酷暑，都會堅持帶孩子們去森林徒步。

德國教育體系最有特色的就是「雙軌制」。這個制度可以幫助不同的孩子選擇適合自己的發展路線，既可以選擇進入通往大學的文理中學，也可以選擇進入實科學校或者職業預科學校。或許跟大部分華人孩子的想法不同，很多德國孩子更願意選擇後者，因為可以早早畢業，並獲得一份體面的工作。

德國教育體系的另一大特點就是先鬆後緊，寬鬆的早期教育和嚴格的高等教育形成了鮮明的對比。德國的家長都會努力讓孩子從一開始就覺得上學是件好玩的事情，所以德國的孩子在幼兒園，甚至在小學的前兩年都會處於「盡情玩」的狀態，隨著年齡的增長，他們的壓力才會逐漸增加。如果選擇文理中學這條路，那也是很辛苦的，進入大學之後，這些孩子就完全沒有輕鬆的日子了，因為不好好努力是很難從德國高校畢業的。

在這樣一個奉行「平均主義」、選擇多元、先鬆後緊的教育環境中，德國的家長也就不容易感到焦慮，能夠真正放手讓孩子去「好好玩」。

德式的「好好玩」是讓孩子在玩的過程中盡情地體驗大自然，積累豐富的感官經驗，激發對科學文化的廣泛興趣。在資源富足的環境中自由玩耍，對孩子來說就是最佳的學習方式。如果在這個基礎上，還能及時、有效地支持孩子在書寫、閱讀、數學等方面的發展，不錯過學術啟蒙關鍵期，在我看來，德式的「好好玩」便無可挑剔了。

我們再來說說法國。法語幼兒園單詞是「Ecole maternelle」，直譯是「母親學校」。十九世紀，法國就領先世界確立了近代學前教育制度。在這之後，法國政府一直非常重視學前教育，並將其納入了中央集權的教育行政管理體制。

在法國教育部的大力支持下，所有孩子都可以就近享受免費的公立幼兒教育，法國的幼兒園老師都要經過嚴格篩選，全部為碩士及以上學歷。法國政府還透過立法保障了學前教育的品質，依據法律，法國學前教育的主要目的之一是激發兒童對學習的興趣，為將來的系統學習做準備。根據《法國學前教育大綱》（*le programme d'enseignement de l'école maternelle*），幼兒園教育分五大學習領域：語言、體育、藝術、邏輯、科學文化。之所以將語言置於首位，是因為對於法國人來說，語言是一切的基礎，母語是最重要的科目。除了發展口語，法國幼兒園的語言教育還有一個更重要的方面，就是循序漸進地帶領孩子進入文字世界，開始書寫和閱讀。

法國的孩子在幼兒園畢業時，不僅能寫出自己的名字，會分解音節，還掌握了基礎的數量對應、幾何知識、科學文化常識等。大多數法國孩子在幼兒園畢業後要進入「CP班」，即學前班，用一年的時間掌握自主閱讀。孩子們只有在幼兒園循序漸進地學習過，才能更順利地銜接法國「CP班」和小學。

相比於德國，法國的幼兒啟蒙方案更加完整，法國的幼兒教育也曾在世界上遙遙領先，儘管如此，如今卻有越來越多的法國人不再滿足於傳統的幼兒園，他們認為舊的模式已經不再能適應飛速發展的新世界。近年來，蒙特梭利教育在法國也很受歡迎。蒙特梭利教育理念在形成的過程中曾經深受法國幼兒教育的啟發，因此這套方法體系與《法國學前教育大綱》到今天都能相得益彰。很多法國傳統的幼兒園老師開始借鑒蒙特梭利教育方法，追隨每個孩子的發展節奏，努力讓孩子在學中玩，讓他們在學習中體驗更多的樂趣和自主權。

到底是應該像德國人一樣讓孩子「好好玩」，還是應該像法國人一樣讓孩子「好好學」呢？一個國家的教育體系會受到諸多方面的影響，但是父母完全可以靈活、自由地取各家之長，形成適合自己的育兒風格。

華人父母的三種育兒風格

從我近年來在我們經營的網路社群中對近千個華人家庭的跟蹤觀察發現，當今的華人父母育兒有如下三種風格。

第一種風格的父母，也就是所謂的直升機式父母。他們常常以自己的意願為中心，把孩子每天的生活安排滿檔行程，試圖將孩子培養成自己期待的樣子。這樣的父母很喜歡盲目照搬、拼湊各家「成功」經驗，強迫孩子「好好學」，也很容易受周圍環境的影響，產生焦慮情緒。

很多父母覺得，總應該做點什麼來「幫助」孩子應對競爭壓力滿滿的未來。但是他們不明白，如果沒有科學的教育理念和系統的教育方法做支援，他們所做的一切究竟會給孩子的發展帶來助力還是阻力，都不一定呢。在錯的方向上用力過猛，還不如像第二種父母一樣什麼也不做。

第二種風格的父母，可以稱為放養式父母。他們更加尊重孩子，用平等的方式與孩子溝通，懂得跟孩子建立良好的親子關係，卻不太瞭解如何恰當地輔助孩子的發展，不過好在他們知道自己不懂，也沒去破壞，孩子還能相對自由地成長。有些父母是因為自己小時候吃夠了學習的苦，一定要補給孩子一個「快樂童年」，因此將壓力推遲，盡量讓孩子「好好玩」。

第三種風格的父母，不論他們是否瞭解蒙特梭利教育，都是我眼中的「蒙氏父母」。他們不受各種外界聲音的影響，不去糾結到底是該讓孩子玩還是該讓孩子學，他們只是有意識地觀察孩子的發展，跟隨孩子的節奏，懂得調動起孩子參與生活的積極性，巧妙激發孩子對世界的興趣。孩子可以在玩中學，在學中玩，生活就是課堂，世界便是老師。

集德法所長，讓孩子自主「工作」

對於「蒙氏父母」來說，「玩」和「學」根本不是對立的。如果你仔細觀察就很容易發現，孩子天生對學習感興趣。也許我們成年人覺得學習是件辛苦的事，但是孩子並不這樣認為。當成長環境為孩子提供了足夠的支援時，你就能觀察到孩子強烈的求知欲和好奇心。孩子受大自然的指引，在玩中學，在學中玩，更確切地說，他們是在「工作」，他們所做的一切都是在為自己的大腦發展而「工作」。

孩子是最獨特、也是最高級的學習者。與成年人不同的是，對孩子來說，過程即目的。在自主的「工作」中，孩子會完全沉浸其中，透過不斷的重複，達到專注、忘我的狀態，擁有高頻率的「心流體驗」。心理學家米哈里·契克森米哈伊（Mihaly Csikszentmihalyi）將其描述為一種內心高度興奮、喜悅、充實的感覺。在這個時候，孩子成長得最快，他們的大腦在飛速地變化著。

因此，所謂的「玩」和「學」，都是從成年人的角度出發來定義的，對孩子來說，一切都是為了自己的心智建構。如果成年人很少有體驗心流的機會，那就很難理解和想像孩子的精神世界所能抵達的地方。所以我們要盡可能保持謙卑，清空成見，透過營造科學的環境，讓孩子自發地玩耍和學習，達到深度專注，幫助孩子成為他自己。

如今，越來越多的父母已經建立起這種現代教養目標的共識，但是最大的問題是不知道如何去實踐，於是只能做第二種放養式的「佛系」父母，起碼不去破壞孩子與生俱來的學習熱情和能力。

當今育兒市場上的各種「科學方法」、「系統方法」讓人眼花繚亂，這些方法不一定真的禁得起科學推敲，禁得起大樣本、長時間的實踐檢驗，也許很多方法只是一家之言，僅能代表個人經驗。

瑪利亞·蒙特梭利博士在二十世紀初創設了蒙特梭利教育理念和方法，在她之後，有這樣一群信奉或推崇蒙氏教育理念的人活躍於世界各地，他們一直不斷地實踐和豐富著這套方法，蒙氏教育法可謂是在全世界範圍內經過了上百年的實證檢驗。同時，這套方法非常便於在家中實踐，這就是為什麼在世界的每個角落，不論當地的學校教育如何，總能有蒙氏父母竭盡所能地為孩子提供個性化的家庭蒙氏教育，並取得了超越時代和階層的成功。

我們寫作這本書的初衷就是為華人父母呈現這套科學、系統、並且已經過上百年大規模實踐檢驗的教育方法。有很多看過《教會孩子照顧自己，是他一生最好的禮物》（編按：此書以0～3歲為主，下文簡稱為《教會孩子照顧自己》）的讀者聯繫我們說，孩子在長大，他們非常急切地想要看到3～6歲的在家蒙氏方案是什麼樣的，於是我們快馬加鞭地將這本書創作完成，盡可能地追趕上孩子們的成長腳步，讓已經開始在家實踐蒙氏教育的父母們能夠一以貫之地為孩子提供這種適應未來世界的個性化家庭教育方案。

蒙氏兒童養成方案

本書分為兩個部分，一共六章，每章相互獨立，你可以從任何感興趣的一章開始閱讀。

第一部分是理念篇，共有兩章。第一章解決「是什麼」的問題，是對蒙特梭利教育方法的綜述。我們從宏觀上介紹了如何設計一個適宜3～6歲孩子的成長環境，以及如何在這個環境中給孩子科學的啟蒙。

第二章解決「為什麼」的問題，將為你呈現蒙特梭利教育背後的科學。這一章是由我先生創作的，他不僅是一位德國自然科學博士，同時也是一位國際蒙特梭利教師，在這一章，他會從神經生物學的角度來解釋蒙特梭利教育方法的科學性。

如果你讀過《教會孩子照顧自己》，那麼你會發現，這一章比起上一本的「塑造嬰幼兒大腦」那一章更加深入和完善，還增加了很多針對3～6歲孩子家長關心的問題的解答。

第二部分是實踐篇，我們用四章篇幅集中解決「怎麼辦」的問題，給你一套蒙特梭利教育法在家中具體落地的應用方案。圍繞感官探索、語言表達、數學邏輯、科學文化四大主題，每一章都是單獨領域的理論方法和應用方案。方案內容的主體來自國際蒙特梭利協會（AMI）的培訓，再結合我在法國蒙特梭利學校的教案筆記，以及女兒在德國蒙特梭利學校的活動內容，我將這套學校方案轉化成了家庭版。另外，我的先生從一個科學工作者以及爸爸的角度，校對、拓展了方案細節，使其在實用的基礎上，確保科學和嚴謹。

在尾聲部分，我們將帶領讀者回歸蒙特梭利教育哲學。父母們在實踐的過程中，很可能會對家庭教育生發出更深刻的體悟，借著這個時機，結合理論文章或者書籍，再回到實踐之中，便會得到更全面的提高。

本書的最後，還附有一張拉頁圖，完整地梳理了3～6歲的蒙特梭利家庭方案。實踐過程中，家長無須翻書查閱，只要打開這幅拉頁圖，就可以一目了然地參照圖中對應的年齡為孩子準備接下來的家庭教育方案了。

這本書既能幫助已經入讀蒙特梭利學校的孩子家長瞭解蒙氏教師的教學理念，也能幫助那些沒有機會進入蒙特梭利學校的家庭在家為孩子實踐蒙氏教育方法，從做中領悟蒙氏理念。

如果你覺得蒙特梭利博士的原著太深奧，那建議你先嘗試她的實踐方法，當你被她的實踐方法深深吸引時，再回頭，便更容易理解那些抽象的教育理論；如果你欣賞蒙特梭利教育哲學，但是並不知道怎麼將其落地實踐，那這本書將手把手帶你在家採用蒙氏方法育兒，讓孩子享有個性化的全面啟蒙；如果你正在為孩子的幼小銜接感到焦慮，本書會帶著你從容有序地幫助孩子銜接小學生活，銜接未來人生；如果孩子在家裡經常感到百無聊賴，你也不知道怎麼幫助他，那跟隨書中介紹的蒙氏活動方案，和孩子一同興趣盎然地認識和探索世界吧。

相信所有父母都可以自信、獨立地規劃孩子3～6歲的蒙氏家庭方案，培養一個專注、好奇、適應未來世界的新兒童。

CONTENTS
目錄

Part 2

實踐篇 手把手帶你在家蒙氏育兒

第3章 感官探索

第4章 語言表達

Part 1

理念篇

給孩子一個科學的成長環境

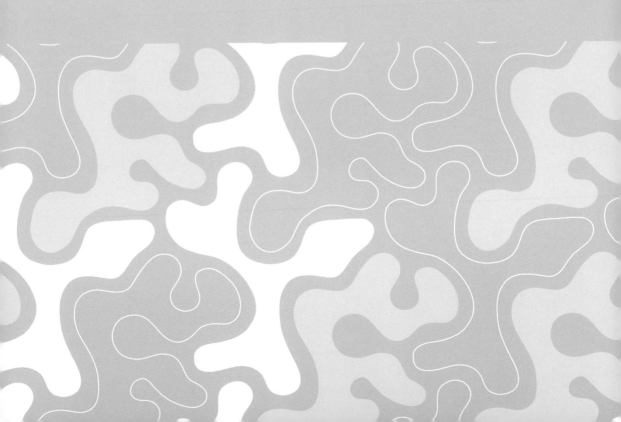

兒童在3～6歲之間的成就，並不賴於說教，而是依靠一種引領他的精神，從事建構的神聖指令。此乃人類行為發生的根源，它只有在自由和井然有序的合適環境中才能發展。

——瑪麗亞．蒙特梭利

第1章

家庭環境是孩子打開世界大門的鑰匙

一九一五年，一個蒙特梭利玻璃教室在舊金山建成，大家可以從教室外面觀察教室中的孩子。人們看到，那些孩子在紛繁的選擇中，能自主地找到想要的活動，然後沉浸其中，達到深度專注的狀態，樂此不疲地重複探索，眼睛中綻放著光彩，結束探索後露出無比喜悅的神態，臉上洋溢著滿足感和成就感，完全不被玻璃窗外的人來人往所干擾。

親眼所見後，很多人自此開始深深地折服於這種以孩子為中心的、個性化的早期教育方法。

在蒙特梭利學校工作的那些年，我每天都能在孩子身上見到這種令人感動的狀態。如今親身育兒，才發現，父母只要掌握了蒙氏教育理念和方法的核心，同樣可以在家中實踐蒙特梭利教育法，我們稱之為「在家蒙氏」。

蒙氏教育專家寶拉·利拉德（Paula Polk Lillard）在《全人》（*Montessori Today*）一書中寫道：

蒙特梭利博士無法將世界搬進教室讓孩子探索，但她在教室裡放置了探索之鑰。這些「鑰匙」

分為四個區域：模擬文化活動的日常生活區域，反映世界特性和事實的感官教具區域，還有數學教具區域和語言教具區域。所有的教具都會讓孩子根據自己的需求去使用，並促使孩子繼續從事對真實世界的探索。

再富有的家庭也無法將世界全部展現在孩子眼前，但是，如果我們擁有了蒙特梭利博士的這幾把鑰匙，就可以帶著孩子從容有序地認識和探索世界了。

蒙特梭利教室中有一個模擬家庭環境的日常生活區域。在家中，我們只需要打造一個對孩子友好的生活環境，孩子就可以學會自己照顧自己，學會幫助父母，學會優雅地待人接物，從而逐漸脫離自我中心，融入我們的社會文化。

當孩子在親自做的過程中積累了足夠的感官經驗，我們再為他提供一個幫助感官更加精緻、有序發展的環境，帶孩子深度地探索顏色的世界、形狀的世界、聲音的世界、味道的世界……。

在家中，我們自己就是孩子最有效的語言教具，要有意識地給予孩子高品質、高頻率的語言輸入。當我們捕捉到孩子進入書寫敏感期或者閱讀敏感期的信號時，便可以將書寫或者閱讀這兩項極其複雜的技能拆解開來，循序漸進地讓孩子體驗書寫和閱讀的美妙。

當孩子表現出對數字的濃厚興趣時，我們便可以帶他親手觸摸具象實體的一個個數字，親自體驗大數字加減乘除的運算過程，以此建立孩子的數學感官印象，讓他深刻地理解每個符號背後的意義，讓大腦做好進入抽象思維世界的預備。

在科學文化領域，從地球到宇宙，從大陸、海洋到各國的風土人情，從氣候、天氣到太陽系，從生物分類到一隻青蛙的變態發育，從花草樹木到飛禽走獸，從一天到一週再到一年，從昨天到今天再到明天，從研究空氣到研究水的形態，從重力、磁力到聲音傳播……，世界那麼大，蒙氏父母可以將世界帶回家。

我們不一定非要博聞強識、貫古通今，只要擁有了蒙特梭利博士的四把「鑰匙」，所有父母都可以和孩子一起用科學的方法發現和探索這個精彩豐富的大世界。

設計一個對3～6歲孩子友好的生活環境

我們將這套蒙特梭利家庭方案分成兩本來寫，是因為3～6歲孩子的世界和0～3歲完全不一樣。在前三年，孩子的生活主要是吃喝、睡覺、護理和一些簡單的室內和戶外活動。當孩子到了2歲半、3歲的時候，我們可能突然會發現，原先的知識經驗不夠用了，再加上孩子即將進入幼兒園，吃喝、睡覺、得到護理這些已經不再是重點。如何更好地幫助孩子度過3～6歲的成長期，成了一個嶄新的話題。

生活即教育。在家進行蒙氏教育的入門課，便是準備一個對孩子

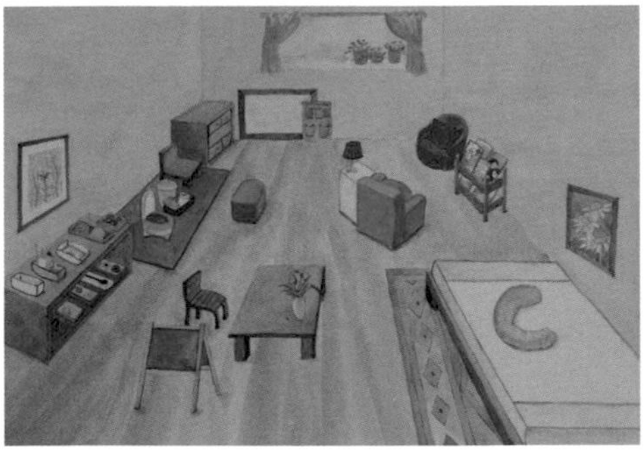

12～36個月活動區環境布局

友好的生活環境，幫助孩子獨立自主地照顧自己，參與家庭生活。

家庭環境的布局上，我們延續上一本《教會孩子照顧自己》實踐篇12～36個月部分活動區的規劃，加以微調便能適合3～6歲孩子的發展。3～6歲孩子的活動區域主要有四個部分：工作區、閱讀角、廚房和戶外。

工作區

在孩子經常活動的地方，比如臥室或者客廳，開闢一塊專屬於孩子的區域。這個區域要盡量保證沒有電子產品，為孩子營造一個專注、不易被打擾的工作環境，這一點非常重要。

至少要布置一個工作櫃，上面有限地擺放幾個當下使用頻率比較高的玩具和活動工具，以及藝術和手工材料、音樂播放器和樂器等。淘汰聲光電玩具，盡量多選擇樸素的、具有各種輔助發展功能的教玩具。

工作櫃旁邊可擺放一套適合孩子身材的桌椅，讓孩子可以自由地選擇工作內容，坐下來工作。

一個有吸引力，同時還清晰有序的活動區，能幫助孩子更好地專注於探索。孩子在這裡可以玩玩具、畫畫、做手工、聽音樂，當然還可以

工作區桌椅

工作櫃

進行我們在之後章節分享的各種蒙特梭利活動。

除此之外，工作區還需要有一個地方收納孩子做家務的工具，比如掃把、拖把、簸箕、抹布等。

家務工具

3歲以後，孩子可以做的家務有：擦玻璃、擦桌子、傢俱除塵、掃地、拖地、擦鏡子、木飾打蠟、澆花、插花、洗衣服、晾衣服、疊衣服、刷鞋、照顧小動物、種植等。

其實這些家務在孩子1歲半左右就可以讓他們練習去做，我們在《教會孩子照顧自己》書中詳細地分享了這一部分內容。

做家務不僅能鍛鍊孩子的手眼協調能力和肌肉力量，還能讓孩子感覺自己是家庭的一員，有責任和爸爸媽媽一起維護好家庭的整潔。孩子會逐漸變得不再以自我為中心，開始理解他人的感受和需求。這對孩子未來的社交生活很有幫助。

晾衣服

擦玻璃

閱讀角

在活動區，我們還需要布置一個閱讀角，陳列孩子當下感興趣的童書。

隨著年齡的增長，孩子的藏書量會越來越多，可以教孩子將書籍分類。等孩子3歲以後，便可以將更多的童書擺放在書架上，有的呈現書背，有的呈現封面，便於收納和選擇。

廚房

看過《教會孩子照顧自己》的父母應該瞭解，很多蒙特梭利活動是在廚房中進行的。

在廚房裡，我們可以為孩子準

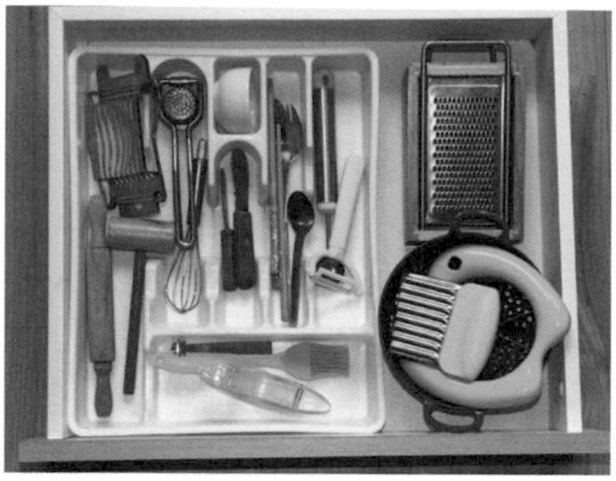

小號餐具、廚具收納櫃

閱讀角

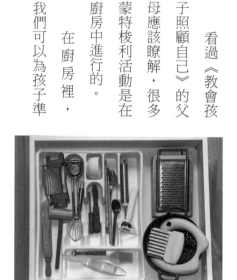

備一塊安全的工作臺、一個梯凳，以及一個收納小號餐具、廚具的抽屜或者櫃子。孩子可以踩上梯凳，自己洗菜、切菜、削皮、壓汁、烘焙、煮飯、炒菜，還可以自己洗碗、晾碗等。

家裡有客人來時，我們還可以鼓勵孩子為客人端茶倒水，向孩子示範如何優雅地待人接物。

戶外

室內的活動大多是為了輔助孩子精細動作的發展，而3歲以後，孩子更需要廣闊的場地來促進大動作的發展。因此，除非極端惡劣的天氣，每天應盡量保證孩子擁有2～3小時的戶外活動時間。

戶外運動除了自由玩耍、跑跳攀爬等外，還可以是帶著孩子游泳、騎車，讓他們逐步從平衡車過渡到自行車。

在一個對孩子友好的生活環境中，孩子一定

讓孩子自己洗碗

會展現出令我們驚訝不已的潛力，你會慢慢發現：他竟然可以自己穿褲子！他竟然可以清掃地板！他竟然可以自己準備早餐！

平衡車

「讓我自己來！」相信所有的父母都曾經感受過孩子與生俱來的動力，只要我們提供讓孩子自己動手的機會，以及幫助他成功的環境，孩子就會堅信：「我可以！」這對於自信心的建立是多麼重要啊！

當然，自信、獨立只是一方面，這其中還蘊藏著更深層的意義。這些日常生活中的鍛鍊能有效提高孩子的控制能力、協調能力、肌肉力量、專注力、意志力、耐心、秩序感、邏輯思維能力等，為孩子接下來發現和探索這個廣闊的世界，

自行車

做好最重要的準備。

預備一個能激發孩子潛能的啟蒙環境

也許你還在感嘆這麼小的孩子竟然可以自己照顧自己，還能做不少力所能及的家務事，殊不知，3～6歲的蒙特梭利孩童還能展現出更多令人稱奇的潛能。

一個3歲的孩子能精確地識別數十種香料。

一個4歲的孩子能在不知不覺間掌握成百上千個漢字。

一個5歲的孩子能沉迷在四位數四則運算的世界裡不可自拔。

一個6歲的孩子能頭頭是道地講解空氣熱脹冷縮、火山爆發的原理。

大多數父母很容易低估孩子的潛能。蒙特梭利博士說過：**教育的目的不僅僅是傳播知識，更應該有一種新的發展方向，那就是釋放人的潛能**。

如何釋放？我們只需為孩子準備好環境，在一個能激發潛能的環境中，每個孩子的天賦都會逐漸展現。

我們的啟蒙環境分為四個部分：感官探索、語言表達、數學邏輯、科學文化。雖然我們將不同的領域分門別類，但是不代表它們是分割開的，每個領域實際上都相互關聯。比如，各個領域內的分類歸納都是數學邏輯能力發展的預備；各個領域新詞彙的引入，也都是書寫和閱讀最好的素材來源。最理想的狀態是將所有內容自然而然地融入日常生活中。這套蒙特梭利家庭方案從分領域探索開始，而終極目的是將各領域的知識整合，在孩子的腦海中建構一個縱橫交錯但是清晰有序的世界地圖。

這套方案中的大部分活動沒有標明具體的建議年齡，書末那幅長卷圖中對照的年齡也僅供參考。因為孩子在3～6歲這一時期的個性化差異越來越大，父母需要透過對孩子進行長期的觀察和深入的瞭解，為孩子準備當下感興趣、能力所及的活動。這套家庭方案如同一桌滿漢全席，孩子的自主選擇會透露出他的「口味」，即他的興趣傾向。我們的家庭教育，重要的是找到孩子的興趣點，盡量揚長，而不是一味地補短。同時要意識到，顯性的知識積累其實是次要的，而首要的是孩子自主探索、發現的熱情和自信。讓我們跟隨著孩子的節奏，用三年時間，在家中實踐蒙特梭利教育吧。

孩子不配合怎麼辦

合理安排好孩子的日常生活，最基本的是保證孩子充足的睡眠時間、戶外活動時間、自由玩耍時間，以及親子閱讀時間。此外，當孩子主動邀請你陪伴時，我們就可以說：「我來跟你介紹一個好玩的工作吧。」或者問：「你想和我一起做顏色的遊戲呢，還是郵票的遊戲？」

孩子選擇之後，就找一個安靜的、不會被打擾的地方，和孩子一起將工作道具取來，開始向他示範介紹。這個時候，如果孩子沒有顯露出積極好奇的狀態，我們就暫停，再找找其他孩子真正感興趣並且挑戰難度適中的活動；如果孩子很專注，並且迫不及待地想要嘗試，我們就只在一旁靜靜觀察，讓他自由探索。等到覺得他不需要你的時候，再悄然退出。

家庭不同於教室，我們不能照本宣科地實踐書中的方法，而是要盡量在日常生活中啟發孩子，真正引起孩子的興趣後再靈活地實踐。

蒙氏爸媽日記

昨天女兒親自下廚，等油熱的時候，她無聊地拿著鍋鏟敲水龍頭，我說：「這樣鍋鏟會沾上水哦，油一碰到水就會飛濺，濺到我們臉上會燙傷，很痛的。」

女兒說：「油就是水啊。」

我說：「油不是水，是液體。液體有很多種，比如水啊，油啊……」說到這兒我竟然詞窮，一時想不起來液體還有什麼。

女兒不說話，眼珠子滴溜溜地轉，繼續等油熱。

今天早上喝牛奶，她突然問：「牛奶是液體嗎？」

我恍然大悟：「對，對，牛奶也是液體。」

我意識到，女兒歸納出液體的特質了。

我繼續說：「世界上的大多數物質有三種常見形態，分別是固體、液體、氣體。這個桌子，還有這個杯子都是固體，你喝的水和牛奶是液體。氣體嘛，我們看不見的空氣就是氣體。」

女兒急急地說：「媽媽你看，這杯子上的熱氣也是氣體。」

我連忙說：「對，對。這些熱氣正從液體變成氣體，等一會兒完全變成空氣，就看不見了。」

我覺得正好是時候來和孩子做探索空氣存在的實驗了。

有了系統、完整的實踐方案，在家實踐蒙氏教育還有一個重要元素，就是你的遊戲力。沒有哪個孩子喜歡一板一眼的大人。

如果你覺得自己沒有遊戲力，別擔心，我們給你幾個遊戲力錦囊。

三段式遊戲

三段式遊戲在蒙特梭利教育領域被稱為「三段式教學法」。每次向孩子介紹一個新東西的名稱時，都可以用這個方法。下面舉個例子：怎樣用三段式遊戲來介紹球體、正方體和三角錐呢？

第一階段：命名。觸摸球體，說「球體」。用同樣的方式介紹「正方體」和「三角錐」。重複命名幾次後，進入第二階段。

第二階段：認出來。伸出手，跟孩子說：「請把三角錐放在我的手上。」如果孩子選對了，就說：「謝謝你。」如果孩子錯誤地將正方體放到你的手上，就對他說：「謝謝你給我正方體，我現在去拿三角錐。」在重複的過程中，可以開始變換花樣，比如閉上眼睛說：「請將正方體放在我的頭上。」或者說：「請將球體藏在你的口袋裡。」大部分孩子都會欣喜地合作，在遊戲中熟悉這三個形狀。當我們確定孩子已經掌握得很好了以後，就可以進入第三階段。

第三階段：說出來。直接指著一個正方體問孩子：「這是什麼？」不過這一階段要謹慎開始，盡量延長第二階段。

距離遊戲

在感官活動中使用距離遊戲的機會比較多，當孩子不滿足於簡單探索時，距離遊戲能重新激發孩子的興趣，而且這類遊戲還能大大鍛鍊孩子的記憶力。比如進行遠距離配對，將裝有不同味道的嗅覺瓶放在房間的另一邊，讓孩子聞過一種味道後，再去房間的另一邊取那個裝著一模一樣味道的嗅覺瓶回來。

除了遠距離配對，還可以遠距離排序。比如將同一色系的色板放在房間的另一邊，我們拿著其中一塊色板讓孩子看過後，再讓孩子去房間的另一側取來比這個顏色更深或者更淺的顏色色板。

環境遊戲

當孩子瞭解了一些知識後，我們就可以帶他一起有意識地在身邊的

尋找顏色相同的物品

環境中發現並應用這些知識。比如，讓孩子拿著紅藍數棒，去和房間裡的家具比較高矮；學習顏色的時候，還可以讓孩子在房間裡或者去大自然中蒐集顏色相同的物品。

這些遊戲的共同特點是：讓孩子動起來。因為3～6歲這個階段的孩子處於動作敏感期，智慧的父母就是要想辦法讓孩子動起來、有目的地忙起來。

沒有蒙氏教具怎麼辦

可能很多父母會問，這些蒙氏活動是不是必須要給孩子準備很多蒙氏教具才行？沒有蒙氏教具怎麼辦？

其實，當你掌握了蒙氏教育理念和方法體系之後，就會慢慢發現，生活中的一切都可以拿來當作蒙氏教具，還可以利用身邊的材料自製簡易的蒙氏教具。

本書中，四大主題內容的最後都附有一個QR碼，透過掃碼，大家也可以參考世界各地蒙氏家庭的經驗。

不過，大家在自製蒙氏教具的過程中，不得不注意下面幾個問題。

難度分離

每個活動都要注意將難度分解開，一次攻克一個難

搭粉紅塔

點。這是最重要的一點。為什麼這麼說？社會心理學家羅伯特．席爾迪尼（Robert B. Cialdini）認為：在某一時刻，人腦所能注意的事項的數量是有限的，如果一個人同時做兩件需要用腦的事情，比如開車的同時打電話，那他的大腦在處理資訊的時候就必須在兩項任務之間來回切換。結果是，雖然這個人同時在做兩件事，但沒有哪一件事能真正做好。就好像很多人在面對一碗極其鮮美的湯時，都忍不住會閉上眼睛去品嘗，自動關閉其他感官通道，才能將所有注意力都集中在味覺上。成人尚且如此，更何況大腦還沒有發育完全的孩子呢？

這就是為什麼蒙氏教具都會將難度分離的重要原因。比如感官探索部分，剛開始都是單一元素的探索，如果孩子探索的是顏色，就將教具的形狀統一；如果孩子探索的是形狀，就將教具的顏色統一。不能一開始就將形狀、顏色等不同元素或難度放在一起，同時讓孩子分辨。

事實上，市面上的大多數玩具都有同樣的問題，就是用多個難度的疊加來吸引家長的眼球，其實並不適合孩子早期的探索學習。

同時，我們還要注意另一個難度分離的關鍵，就是面對孩子，做動作的時候不要說話，說話的時候不要做動作，這樣孩子才能更好地專注於我們想要傳達的資訊。

錯誤控制

教具是一個生動有趣、而且還不會指責孩子的老師。在蒙特梭利教室中，老師並不是孩子的老師，教具才是。因為教具本身具有一個神奇的功能，就是錯誤控制。孩子不需要別人來告訴他：「你做錯了。」如果我跟孩子說這句話，那他極有可能就甩手不幹，很久都不再碰這個教具了。

比如感官教具中的二項式盒子，如果搭建不對，盒子就蓋不上，孩子自然會自發去調整，直到能夠蓋上盒蓋為止。

我們的教育是為了增長孩子的自信心，而不是將其摧毀。我們要小心呵護孩子的自尊心、自信心，讓他覺得自己能夠搞定。

從易到難

從易到難，不僅僅指知識點上要從易到難，更是指知識呈現的方式上，是直觀形象的，還是抽象複雜的。比如數學學習中，我們先將1、10、100、1000用三維立體的方式呈現：1是一顆珠子，10是一根數棒，100是一個正方形，1000是一個正方體。之後再跟孩子介紹1、10、100、1000這四個數字符號，最後才將實物和符號聯繫起來。

在家實踐蒙特梭利教育，初期父母完全可以透過身邊環境中的素材或者自製教具來實現，但是深入實踐下去，尤其是在父母精力、時間有限的情況下，就不得不借助專業設計的蒙特梭利教具，為孩子進行感官幾何、系統數學和中英文讀寫等方面的啟蒙了。

但是，很多父母將相關的蒙氏教具搬回家後卻發現，效果並不理想，因為蒙氏教具功能目標單一，體積過大，適合幼兒園使用，卻不適合家庭使用。在一堆絢麗多彩的商業玩具中，蒙氏教具自然就被孩

搭建二項式盒子

子冷落了。如果父母帶著很功利的目的去「示範」教具，孩子又會很快識破父母的意圖，感受到被迫學習的壓力，這樣的啟蒙其實會適得其反。

於是在寫完《教會孩子照顧自己》後，我就萌生了一個想法：設計一套適合在家中使用的蒙氏教玩具。這兩年在寫作本書的同時，我就嘗試將這個想法變成了現實。附在本書最後的拉頁圖，展現的就是這套家庭版蒙氏教玩具的立體圖。尤其是在孩子3～6歲這個階段，我覺得有了這些專業設計的教玩具，才能真正幫助更多父母實現在家實踐蒙特梭利教育的想法。

蒙氏爸媽三級通關

書裡的內容只是拋磚引玉，父母並不需要照單全收。我們在書中四大主題的最後都為大家列出了初級、中級、高級三個實踐層次，每個家庭可以根據自己的實際情況靈活實踐，確保完成初級水準，努力實現中級水準，學有餘力再嘗試高級水準。

實踐準備做好後，我們就可以開始了。第二章從神經科學的角度為你剖析了蒙特梭利教育背後的科學。如果你迫不及待，也可以先跳讀到第三章，和孩子一起來認識和探索精彩的大千世界吧！

第2章

蒙氏教育背後的科學

很多人認為，做父母沒有必要瞭解科學，只要聽從專家建議就好了。可是，科學發展日新月異，很多「專家」的知識庫卻沒有隨之更新，很多關於大腦和教育的科學發展新動態並不為教育專家們所知，因此，父母最好自己多瞭解科學發展的知識，逐步建立起科學的思維，才能獨立鑒別、理性選擇。

那麼蒙特梭利博士一百多年前創設的蒙特梭利教育法，到了今天是否還適用呢？本章就帶領大家從科學發展的角度來認識蒙特梭利教育，幫助父母更深入地理解蒙氏理念，更到位地實踐在家蒙氏教育。

基因不是先天註定的

十九世紀，科學界正式提出了「遺傳」這個概念。遺傳究竟是怎麼發生的，科學家們開始了各種猜測。拉馬克學說認為：生物可以根據自己的主觀意志適應生存環境，用進廢退，經常使用的器官或功能會得到強化，使用頻率低的器官或功能會逐漸退化，並且這些改變是可以遺傳給子代的。比如著名的長頸鹿的例子。按照拉馬克的邏輯，長頸鹿為了吃到更高處的樹葉便不斷地拉伸脖子，久而久之，它的脖子就越來越長了，並一代代傳了下去。依此邏輯，用在人的身上，那經常健身的「肌肉男」的兒子肯定也是「肌肉男」了，而且他們之後代代都是「肌肉男」。這種搞笑的演繹能夠很輕易地被我們的常識推翻。不過拉馬克學說在當時是具有進步意義的：他使人認識到環境對人的影響。

後來的達爾文接受了拉馬克的很多觀點，尤其是「用進廢退」。但是達爾文認為，只有適應了環境的生物變異特徵才能留存下來。同樣拿長頸鹿舉例：達爾文認為是環境淘汰了那些脖子短的長頸鹿，透過一代代自然選擇的積累，長頸鹿的脖子才會越來越長。

隨著科學的不斷發展，到了二十世紀，科學家揭示出上一代人傳給下一代人的這個神祕的物質就是基因，自此，以DNA作為遺傳物質的經典遺傳學便誕生了。

經典遺傳學強調基因決定性狀，通俗來講就是「龍生龍，鳳生鳳」。基因的確很強大，在歐洲統治了幾百年的哈布斯堡王室家族就有著代表性的大下巴，而且這種看起來並不好看的下巴倒成了王室尊貴血脈的象徵，代代相傳。要是那個時候有整容手術，猜想那些崇尚王室生活的人肯定都會整出清一色的大下巴了。

再比如，在青藏高原地區生活的藏族人以及在喜馬拉雅山南麓生活的夏爾巴人非常適應當地的高原氣候。攀登珠峰的探險者往往需要雇用好幾個當地人來幫他們拿各種裝備，而且還要不斷地吸氧，但是當地人登山就顯得容易很多，基本上也不怎麼需要額外吸氧，往往還能把身上攜帶的多餘的氧氣瓶賣給其他登山客。

為什麼會這樣呢？是因為當地人在高原地區生活久了，適應了環境，還是因為他們的基因裡有特殊的編碼呢？科學家透過基因測序得到了答案：居住在高原地區的人群中有明顯的遺傳特徵，例如EPAS1、EGLN1等涉及缺氧誘導途徑、紅細胞的生產以及血管舒張性物質的基因產生了變異，使得他們與生活在低海拔的人群相比，具有更好的有氧運動能力、更有效的氧運輸效率、更大的每分鐘通氣量、更高的血氧飽和度、更低的血紅蛋白水準，以及在低氧環境下肺血管收縮反應性降低的能力，這些都讓他們能夠更好地適應高原缺氧的生活環境[1]。

物極必反，片面強調基因的決定性作用就會走到另一個極端，即基因決定論。在強調遺傳重要性的同時，非遺傳的環境因素同樣不可忽視。長期以來，生物科學家們在繼續探索基因的同時，心理學界也一直在研究先天與後天的關係。

二十世紀上半葉，空白石板論流行一時。這一學說認為，人的行為發展完全是環境影響的結果。這種學說認為，孩子出生時是一張白紙，後天環境決定了一切。這一觀點的代表人物就是約翰・華生（John B. Watson），他提出：「給我一打健全的嬰兒，把他們帶到我獨特的世界中，我可以保證，在其中隨機選出一個，都能訓練成我所指定的任何類型的人物，包括醫生、律師、藝術家、商人，或者乞丐、竊賊，不用考慮他的天賦、傾向、能力，以及祖先的職業與種族。我承認這超出了事實，但是持相反主張的人已經誇張了數千年。」

華生的最後一句話常常被忽略，這讓他的觀點看起來更加激進。華生認為，人的一切行為都是後天環境影響的結果。雖然他的觀點激進、極端，但是人們開始意識到，環境確實對人的行為有很大的影響。

二十世紀九〇年代以來，得益於人類基因組計畫的完成，人類進一步認識了自己。分子生物學家們已經解析了人體將近兩萬多個基因的DNA序列和部分基因的功能。大人群相關性研究和動物實驗研究也確認了一些特定基因的功能，比如肥胖基因、致癌／抑癌基因、自閉症基因等。在基因時代，基因決定論似乎再一次占據了上風，看起來好像很多都是由先天決定的，後天環境的作用並不是那麼大。

其實關於先天與後天，研究具有完全相同遺傳背景的同卵雙胞胎，就可以解決這些長久以來的爭論。同卵雙胞胎，是由同一個受精卵分裂而成，他們具有完全相同的遺傳背景、完全相同的DNA序列，出生以前都待在相同的環境中，但從出生那一刻開始，隨著年齡的增長，他們的成長環境會越來越不同。所以，拿同卵雙胞胎研究先天與後天的問題，簡直再理想不過了。

心理學界透過同卵雙胞胎的研究，瞭解到先天與後天對性狀的影響各占一半，其中後天環境中的那一半，還包括20％的孕期影響。所以說，孩子在出生之後，父母的養育只占30％了。

生物學家算不出這麼精確的數值，但是可以透過一個個基因研究推測出每一個方面先天、後天影響的側重。二〇一九年，哈佛大學研究團隊透過對一百五十六萬大人群（包括五．七萬對雙胞胎）的研究結果表明：像身高，還有閱讀障礙、過動症等認知相關疾病的遺傳影響因素更大，而像語言、社交能力，以及肺癌、類風濕等病症，則是後天影響更大。這項研究發表在著名的《自然遺傳學》（*Nature Genetics*）雜誌上[2]。

科學實證

英國廣播公司（BBC）有一部紀錄片《孿生姐妹情》（Twin Sisters），記錄了一個真實的故事。

出生在中國的一對同卵雙胞胎姊妹分別被一個美國家庭和一個挪威家庭領養。在美國城市長大的米婭（Mia）過著一般美國城市女孩的生活，養父母為她創造了各種環境，幫她提高自身的競爭力。而在挪威小鎮長大的亞歷山卓（Alexander）卻過著不一樣的生活，她在純粹的大自然當中牽著小馬、養著小老鼠。鎮上只有一個小商店，還有一個需要翻山才能抵達的學校。儘管生活環境完全不同，但是她們長得特別像，很多動作、表情、癖好都一模一樣，像到讓人不斷感嘆基因的強大。

有趣的是，儘管特別像，但是在挪威長大的亞歷山卓明顯個子更高，而且隨著年齡的增長，兩個人在臉部細節上有了不少差異。按理說這兩個小女孩的基因組完全相同，依照先前的經典遺傳學觀點，這對姊妹應該完全一樣，可到底是什麼造成了兩個女孩很多小小的不同呢？那一定是後天環境的不同造就的。

經典遺傳學認定基因決定性狀，可是像米婭和亞歷山卓隨著成長，容貌、性格表現出越來越多的差異，這些現象經典遺傳學都解釋不了，於是就有了表觀遺傳學（Epigenetics）[3]。

一九三九年，生物學家康拉德·沃丁頓（Conrad Hal Waddington）率先創造了「表觀遺傳學」這個術語。算起來這門學問已經有七、八十年的歷史了，但是它真正在科學界熱起來，也就是近十幾、二十年的事情。表觀遺傳學，簡單來說，就是DNA序列不發生變化，但基因表達卻發生了可遺傳變化的現象，就是後天經驗可以改變基因的編碼作用。就好比同卵雙胞胎的基因一模一樣，他們手握同一副牌，可隨著後天經驗的增多，他們不僅打牌的手法越來越不同，而且手裡的牌也發生著變化。

隨著表觀遺傳學的發展，一些前人無法解釋的現象得到了科學的詮釋。如果我說溫度可以決定動物的性別，會不會讓很多人感到顛覆了認知呢？但這種現象的確發生在海龜、鱷魚等爬行動物中。海龜和鱷魚把蛋產在海岸沙灘上，這些蛋是利用太陽的熱量，以及雜草、淤泥受潮後的熱量進行孵化的。有研究表明，動物的性別一般在孵化的第7～21天決定，30℃以下孵化出的幼鱷是雌性，34℃以上孵化出的幼鱷則為雄性。產卵的位置也是影響因素。孵化出雄性的巢一般築在溫度較高的向陽坡，而孵化出雌性的巢則一般築在溫度較低的低凹遮蔽處的濕沼澤裡。當然，媽媽是會平衡兒女比例的。研究表明，表觀遺傳學機制在溫度決定性別的過程中起到了決定性的作用[4,5]。

環境的影響會透過表觀遺傳學機制影響生物體內基因的表達。不過這種表觀遺傳學修飾所帶來的可塑性並不只會帶來好處。比如親身經歷過險境的人會留下深刻的記憶，而且這樣的經歷很可能會影響到後代。

科學實證

發表在《自然神經科學》（*Nature Neuroscience*）上的一篇文章透過研究小鼠發現：單個生命體的經驗會透過精子「遺傳」給下一代。研究人員將雄性小鼠關起來，定期向其噴灑帶有杏仁味的苯乙酮，同時用輕微電流刺激小鼠的腳。經過三天的訓練，小鼠已經將味道和電擊聯繫在一起，每當聞到帶有杏仁味的苯乙酮，都會原地不動，十分恐懼，而且這些小鼠還很害怕巨大的聲響。

十天後，研究人員從這些小鼠身上收集精子，注射到沒有過此種經歷的雌性小鼠的卵細胞中。這些受精卵發育長大後，研究人員發現下一代小鼠對杏仁味的苯乙酮依舊敏感，當牠們聞過這個味道後，也會產生類似父輩畏懼電擊和巨大聲響的現象。研究人員對父輩小鼠精子中的苯乙酮受體基因Olfr151的啟動子區進行了DNA甲基化水準測試，發現經過訓練的小鼠，該基因的DNA甲基化水準明顯比正常小鼠的要低。這就導致了牠們嗅覺系統的該基因表達較高（一般基因啟動子區甲基化和基因表達呈負相關），於是對這種氣味更加敏感。這些小鼠遺傳給後代的不僅僅是基因，還包括透過經驗獲得的資訊[6]。

科學家證實，人類也有類似現象。我們祖先的各種經歷都會透過表觀遺傳修飾遺傳給後代子孫。比如，研究發現，在一九四四－一九四五年荷蘭饑荒期出生的孩子，成年後冠心病和肥胖症的發病率有所上升。這是因為，妊娠早期母體暴露於饑荒期的孩子與母體沒有暴露於饑荒期的孩子相比，胰島素樣生長因數Ⅱ（IGF2）基因的DNA甲基化較少，引起該基因遺傳高表達，所以造成了以上疾病的發病率攀升[7]。

科普作家大衛．申克（David Shenk）在《天才的基因》（*The Genius in All of Us*）一書中寫道：先天後天之爭，因為表觀遺傳學而顯得蒼白無力。表觀遺傳學可能是自發現基因後的另一項最重要的發現。透過表觀遺傳學，我們發現先天後天不是分離的，而是交織在一起、相互影響的。後天的環境能夠改變先天的基因，然後成為下一代的先天基因。

先天、後天這種交織錯綜的關係讓我們深刻地認識到，後天環境的影響遠遠超出了我們的想像，表觀遺傳學的發現，能讓大家更加重視孩子的早期教育，也能讓大家更好地理解蒙特梭利教育法，因為這套教育法的核心就是為孩子提供「有準備的環境」。

3～6歲孩子必需的五大環境要素

早期的人類祖先都是用四肢行走的，直立行走、用火和使用工具，是現代人區別於古人類的主要標誌。直立行走的人類身體發生了很大的變化，最重要的一點就是骨盆變小，直接後果就是造成女性的產道過於彎曲狹窄。但是智人的腦容量卻越來越大，據考證是因為生活在非洲的早期人類食用了大量的魚類，引起了腦容量的暴增。逐漸增大的大腦和愈發狹小的骨盆之間的矛盾，造成了人類生產困難，迫使人類在嬰兒大腦還沒有完全成熟前，就要將孩子生出來。這和很多動物是完全不同的。

出生時，嬰兒的大腦尚未成熟，於是就造成了父母撫養的困難，但是也有一個好處：出生時尚未成熟的大腦具有極強的可塑性，為人類用後天經驗影響並改造孩子的大腦提供了可能。嬰幼兒的大腦非常神奇，只要浸潤在適宜的環境中，就會快速地發生改變，毫不費力。這種改變恰恰印證了蒙特梭利博士提出的吸收性心智的理論。蒙特梭利博士說：**0～6歲孩子的心智如同海綿，能夠不費吹灰之力吸收環境中的所有資訊。**吸收性心智，用現代科學的語言解釋就是大腦可塑性。

人的大腦，可塑性最強的時期就是6歲之前。隨著近年來成體神經幹細胞的研究進展，我們知道成年人的大腦透過強化鍛鍊和環境的刺激，可以部分恢復由於大腦損傷而失去的功能，因此推測成年人的大腦也具有一定程度的可塑性。但二〇一八年發表在《自然》（*Nature*）上的研究結果又顯示：人在早期發育之後，神經元的生產數量急劇下降，到成年時戛然而止[8]。

不論成年人的大腦是否真的如這項研究所說，完全沒有了可塑性，但即使還有，這種可塑性也已經微乎其微，如果想要改變，就需要付出極大的努力。

既然環境對孩子的成長如此重要，那應該為3～6歲的孩子準備什麼樣的環境，才能更好地塑造他們的大腦呢？

我們總結了五個關鍵字：**豐富、有序、真實、個性化、低刺激。**

豐富的環境

在動物實驗中，經常用到一個概念，叫作「豐富的環境」（enriched environment）。什麼是豐富的環境呢？就是在老鼠的籠子裡準備各種材質的碎布、紙、刨花，以及五顏六色的玩具，來刺激老鼠的視覺、聽覺、觸覺等感官的發展，還要準備籠子、滑梯、能鑽的管道來提高老鼠的認知能力，再讓一群老鼠在一起生活，來增加牠們的社交機會。

聽到這裡，你會不會感覺像是孩子的幼兒園？對了，我們就是打造了這麼一個老鼠幼兒園。一隻老鼠，如果只給牠吃的、喝的，那只是提供牠飼養上貧瘠的環境，與豐富的環境形成了鮮明的對比。其實，只要父母用心養育，就相當於是為孩子創造了一個豐富的環境；如果父母對教育漠不關心，只管孩子吃飽穿暖，沒有提供他任何發展上的支援，那麼提供給孩子的就是貧瘠的環境。

那麼在豐富的環境和貧瘠的環境中成長的老鼠有什麼差別呢？實驗表明，在豐富的環境中飼養的老鼠能夠引起神經系統形態結構上的變化，比如大腦的體積和重量，以及大腦皮層的重量和厚度都會有所增加，同時還會使大腦樹突、軸突、突觸發生變化。

突觸可塑性常常伴隨著行為學功能的改變。研究表明，在豐富環境中飼養的老鼠具有更強的認知能力和空間記憶能力。豐富的環境能加速老鼠大腦海馬的發育，促進大腦神經迴路的成熟。飼養在豐富的環境中的老鼠能夠更快地在迷宮中定位。

如果剝奪了大腦和環境的接觸，會怎麼樣？

中國的神經生物學家做過一項研究，就是拔掉老鼠的鬍鬚，看看會造成什麼後果。我們可以想像，拔了鬍鬚，也就等於剝奪了老鼠的觸感，最終會造成牠觸覺發育不良。而研究發現，拔了鬍鬚不僅會讓老鼠觸覺發育不良，同時還減緩了老鼠大腦中其他感官皮層的發育。後來將老鼠放在黑暗的地方飼養，相當於剝奪了它的視覺發育機會，最終也得出了相同的結果，不僅造成了老鼠視覺發育不良，牠的其他感官也都受到了影響[9]。

因此，為老鼠提供一個豐富的環境，比如一個豐富的聽覺環境，讓牠可以聽到各種聲音，能夠嘗試各種樂器，不僅有益於聽覺的發展，很可能對其他感官的發展也有刺激作用。

老鼠尚且如此，比老鼠的大腦複雜得多的兒童大腦，就更需要一個豐富的成長環境了。所以在這套蒙氏家庭方案中，我們為3～6歲的孩子準備了豐富多元的環境，一個能夠讓孩子動手參與的家庭環境，而不是衣來伸手、飯來張口的貧瘠環境。當孩子積累了足夠的動手、感官經驗之後，再為他準備一個全方位的啟蒙環境，讓他在語言表達、數字邏輯、科學文化三個方面的潛能得到充分的釋放。

每個孩子的興趣傾向都不一樣，但是我們要為孩子提供一個完整的環境，就像一桌滿漢全席，讓孩子可以受大腦發展的驅使，選擇最能支援個體大腦發展的內容。而如果環境比較單一，那就如同清湯寡水，孩子照樣也能成長，但是很多潛力在大腦極其可塑的階段就不會得到激發。

著名兒童發展專家艾利森．高普尼克（Alison Gopnik）在《教養是一種可怕的發明》（*The Gardener and the Carpenter*）這本書中，關於父母如何助力孩子的成長，有過這樣的論述：

> 如果孩子是卡爾．波普爾（Karl Popper）筆下的科學家，我們就是高校和資助機構。透過我們，孩子擁有了我們想也想不到的資源、工具和基礎設施，並會用它們去解決問題。同樣，就像做基礎研究一樣，當我們支持數以千計的不同項目時，結果會比孤注一擲要好很多。

高普尼克的比喻非常形象，我們很難要求學校面面俱到，但是在家中可以為孩子提供相對學校來說更全面的環境支援，再觀察以及跟隨孩子的自主選擇和自由發展。

3～6歲孩子的成長環境中還有一項最為迫切的，就是豐富的社交環境。蒙特梭利博士也曾發現，這個階段正是孩子的社交敏感期。但是很多家庭不足以為孩子提供這個環境，所以幼兒園最大的功能就是提供一個讓孩子和近齡兒童相處的機會。

蒙特梭利班級通常是3～6歲的混齡班，混齡比起同齡環境是更加豐富的，為什麼這麼說呢？因為孩子經常是透過觀察和模仿來學習的，混齡的環境為觀察和模仿提供了更加寬廣的可能性。科學界有一個非常有趣的發現，當恆河猴有目的地做某個動作時，例如摘水果，腦電圖會顯示牠的某些特定神經元處於活

混齡班級環境

躍狀態。更讓人驚訝的是，當這隻猴子看到同伴做出相同的動作時，這些神經元也會被活化。

這類剛剛被發現的神經細胞就像一面鏡子，能直接在觀察者的大腦中映射出別人的動作，所以被人們稱為鏡像神經元（mirror neuron）。有了鏡像神經元，當一個孩子在看另一個大一些的孩子操作他從未做過的教具時，他大腦中的相關區域也會非常活躍，當未來某一天他自己模仿操作這些教具的時候，就會十分熟練。鏡像神經元的發現在心理學界引發了巨大的轟動，甚至連知名心理學家V．S．拉瑪錢德朗（Vilayanur S. Ramachandran）都在二〇〇〇年特別撰文評價：「鏡像神經元的發現之於心理學，相當於DNA的發現之於生物學的意義，可以解釋迄今為止仍然神祕未解而又難以付諸實驗驗證的眾多心理能力。」

在混齡的蒙特梭利環境中，每個教具只有一份，這就要求孩子必須等待別人完成後才可以開始這項工作，也就有了更多機會讓他在旁觀看。觀看的過程中，孩子的大腦其實已經開始模擬演練了，所以等他拿到這份教具時，就能很快地上手操作。這就是蒙氏環境能實現個性化教學的一大祕訣：環境和同學是孩子的老師，而蒙氏老師只是觀察者和預備者。

當然，鏡像神經元的存在不代表孩子只要透過觀察就可以掌握各種能力。要想固化由經驗塑造的神經網路，還是必須得親自操作，重複、重複、再重複。

有序的環境

從前文動物實驗的結果中，我們知道了豐富的環境和貧瘠的環境對孩子成長的差別，但是並沒有得出「環境越豐富越好」這個結論。

很多不靠譜的教育文章或者興趣班經常拿著一張神經元網路圖來唬弄家長。這個圖會顯示出隨著孩子月齡的增加，大腦中神經元的數量會由少變多，由此父母們自然會覺得「多多益善」，要竭盡所能給孩子提供最豐富的環境。現實中也有好多家長跟風似的給孩子報名各種興趣班，家裡堆滿了各種不合時宜的玩具和書籍。

我們再仔細看看圖2-1，大家會發現這張圖其實不僅僅顯示了神經元增加的過程，也顯示了其削減的過程。

實際上，所有人的神經元數量從出生到成年都會經歷一個由少變多再變少的精細化過程。在這個過程中，大腦裡的神經元網路會逐漸從雜亂無章變得整齊有序。

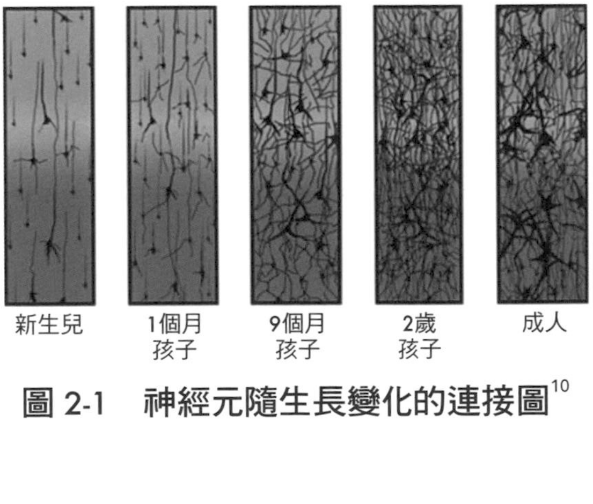

圖 2-1　神經元隨生長變化的連接圖[10]

新生兒的大腦就像一張粗糙、簡陋的草圖，經過後天環境的一次次影響，圖上的細節會越來越多，這張大腦地圖才會變得越來越精緻和有效。孩子大腦中的神經元不僅是在不斷地增加，同時也在大規模地削減。大規模地削減，聽起來有點恐怖，但其實這個削減過程對大腦非常有意義。只有把那些使用過卻沒有被活化的神經突觸加以淘汰，才能讓大腦越來越精緻，越來越高效。人類大腦的發展遵循的原則是用進廢退。

如果沒有這個削減過程，會怎樣呢？

我們知道孩子完成一件事比成年人要慢得多，包括吃飯、走路、穿衣服等，這是因為孩子大腦中的神經網路線路特別多、特別雜，效率非常低，經常需要繞很多彎路。雖然說人類的大腦在早期產生了大量突觸，讓其擁有了可塑性，但是突觸過多造成的弊端就是效率低。如果沒有削減過程的話，孩子就永遠無法獲得身體獨立。所以，透過日常生活中的動手訓練，將大腦中多餘的突觸削減掉，對於大腦效率的提高非常必要。

那什麼樣的環境才能幫助孩子提高大腦的工作效率呢？

在一個無序的環境中，孩子最明顯的特徵就是難以專注。神經生物學家麥克·默策尼希（Michael Merzenich）的實驗發現，專注力跟長期的大腦改變有很大的關係。他做了很多實驗，比如當猴子專注於一件事的時候，牠的大腦結構就會永久地發生改變。如果猴子沒有專心致志地做一件事，而是心不在焉地同時做好幾件事，那牠的大腦也會發生改變，但是改變的神經網路不會保持下來。默策尼希驗證：只有在有序的環境中，才有可能對孩子的大腦進行有效而長久的塑造[11]。

有序的環境如此重要，那該如何為孩子打造呢？一方面是外在的家庭環境要盡量保持秩序，給孩子有限又有益於當下發展的選擇；另一方面就是科學的啟蒙方法，我們要遵循兒童學習發展的規律。

從整體上看，本書這套3～6歲蒙氏家庭方案中的感官探索、語言表達、數學邏輯和科學文化四大主題，都是遵循著從簡單到複雜、從具象到抽象、從整體到部分的邏輯順序的。

面對一個3歲的孩子，我們要從日常生活和感官探索開始。在這些活動中，孩子的動作、口語和意識會得到充分的發展，等他積累了足夠多的感官經驗後，才能開始進行更加抽象、複雜的書寫、閱讀、數學和科學文化學習的啟蒙內容，而這些探索經驗將會為孩子進入小學階段完全抽象化的學習做好理想的準備。

從每一個主題的實踐來講，同樣要遵循科學的順序，比如我們不能直接給孩子看各種地形的照片，直接告訴他這是島嶼、那是峽灣，而是要給他一個直觀、形象的模型來呈現這些抽象的地形概念。

家庭啟蒙教育，只有給孩子準備一個科學有序的環境，才能幫助孩子提高大腦效率，逐步實現身體獨立，進而實現心智獨立。

真實的環境

蒙特梭利教育提倡讓孩子盡可能多地接觸真實環境，與現實生活建立聯繫。3～6歲的孩子已經逐漸分清了真實和想像，因此與上一本《教會孩子照顧自己》中的主張不同的是，我們認為3～6歲的孩子可以循序漸進地接觸多樣的繪本故事，直至5歲左右，他的邏輯思維發展到了一定的程度，就可以開始聽童話傳說了。

我們夫婦倆的蒙特梭利教育導師是德國的AMI認證考官瑪利亞．若斯（Maria Roth），她曾是蒙特梭利博士的兒子馬里奧．蒙特梭利（Mario Montessori）的學生。若斯老師跟我們講過一些關於蒙特梭利博士的私密趣聞，這些趣聞能夠幫助我們更加理解蒙特梭利教育思想，尤其是釐清一些關於「真實環境」的誤解。

比如，很多人誤以為蒙特梭利教育完全禁止虛幻故事。事實上，蒙特梭利博士的孫子小馬里奧曾經說過，他的奶奶也經常把他抱在腿上跟他講童話故事，但是奶奶對外卻一直呼籲要給孩子講真實的故事；奶奶跟他解釋說，因為在那個年代，人們只給孩子講虛幻的故事，她認為只有特別強調真實故事的重要性，才會讓大眾意識到孩子需要瞭解真實世界，並開始努力改變。

其實這個問題在今天依舊顯著。如今，孩子們常會沉迷於大人主動提供的一些「卡通故事」不可自拔，比如超人力霸王；我們不應該主動給孩子營造一個脫離現實生活的虛幻世界，當這個虛幻世界的吸引力超過了現實生活，孩子就會主動選擇更「有趣」的世界了。

我們的網路社群中曾經有一位媽媽向亞楠提問：

孩子自從接觸了超人力霸王之後就一發不可收拾，每天沉迷於超人力霸王和各種打怪獸的活動，除了睡覺時間，睡醒覺一睜開眼睛就開始跟各種怪獸打仗：窗簾怪、凳子怪、沙發怪……如此一直到晚上睡覺前，還從自己眾多的超人力霸王以及周邊玩具中選了兩個「侍寢」……我本以為小男孩有自己的喜好也沒什麼大礙，但是現在出現了一個問題：孩子在面對其他小朋友拿了他的玩具或者做了他不喜歡的事情時，會發射必殺技，或者拿手中的道具攻擊其他小朋友。現在該如何是好呢？

亞楠給出的建議就是，盡量將與超人力霸王相關的內容從生活環境中減少到最少，同時給孩子提供高品質、有吸引力的其他取代方案，比如一起做家務勞動、好玩的手工活動或者帶孩子到大自然中去探險，給予孩子持續的高品質陪伴，引導孩子回到美好的現實世界中。

還有很多人誤以為蒙特梭利教育理念提倡真實環境，所以完全反對孩子玩假裝遊戲，但蒙特梭利博士的孫子小馬里奧曾經說過，家裡時常出現孩子們在花園玩過扮家家酒的場景，奶奶從沒說過不可以。

蒙氏環境允許孩子玩玩具，但是會積極努力地為孩子提供真實的工具材料，比如帶孩子真正下廚做飯。孩子可以帶著洋娃娃來到教室，但是當他發現了更有吸引力的真實工作，比如照顧班裡更小的小朋友之後，很快就會忘記洋娃娃這回事了。

在我們家，女兒也常常會自發地玩起模擬現實生活的假裝遊戲，我們並不會干預，有時還會積極地參與進來配合她玩，因為玩假裝遊戲的好處也很多。但是我們還是會不遺餘力地給孩子提供更加真實的體驗機會，比如當孩子熱衷於假裝成醫生時，我們就會帶孩子閱讀相關的科普書籍，觀察救護車，帶孩子去醫院的時候還會向她詳細介紹醫生的工作生活、工具器械等。

個性化環境

個性化環境，指的是跟隨不同孩子的不同敏感期來為他準備成長環境。如今，「敏感期」這個概念已經被很多人誤用、濫用，所以我們先正本清源，瞭解一下敏感期概念的由來。

其實「敏感期」這個概念，最初是由荷蘭生物學家許霍・德弗里斯（Hugo de Vries）在二十世紀初研究動物發育時首先提出的。這位元生物學家發現，蝴蝶在剛剛破繭時會受到光的吸引爬到樹的頂端，因為樹頂端的葉子比較嫩，而它們還比較小，只能吃嫩葉。等到蝴蝶發育健全，可以吃老葉子之後，它們就不會再受到光的吸引，也就從樹頂上爬下來了。德弗里斯覺得蝴蝶幼蟲有一個被光吸引的敏感期，當它們不再需要的時候，這個敏感期就消失了。

蒙特梭利博士受德弗里斯的啟發，發現孩子的成長過程中也有類似現象，因此將敏感期的概念應用到了幼兒教育上。她認為，孩子會在某一短暫的時期內對環境中的某一部分表現出強烈而持續的興趣，在這期間，孩子會大量重複同樣的活動，樂此不疲直至熟練。

敏感期時的大腦皮層很有彈性，只要浸潤在某種環境中，其結構就會快速地發生改變。我們發現，蒙特梭利教育理念中的敏感期與大腦發育圖基本吻合。比如孩子從3歲開始到6歲這段期間，處於社交敏感期，在這個時期，孩子大腦中與執行控制功能相關的前額葉皮層會逐漸成熟。前額葉皮層的執行控制功能包括自我控制、注意力、解決問題、計畫、推理、創造力和靈活性。伴隨著這類功能的成熟，孩子會渴望更多的互動活動，也會展現出更多的社交需求。

幼兒的敏感期具有嚴格的時序性，這與大腦相應部位神經迴路發育成熟的順序密切相關。從母親懷孕到嬰兒出生，胎兒大腦裡的神經細胞數量就已經足夠多了。出生後，嬰兒的大腦所面臨的課題就是如何把這些神經細胞聯繫起來，讓它們協同工作。在這個過程中，神經細胞會經歷增長、大規模削減以及遷移。大腦的動態可塑，是因為大腦還有足夠多的突觸沒有被削減，當某一方面多餘的突觸被一點點削減時，主要的神經迴路連接便完畢了，這個系統最終需要的便是穩定。到此，敏感期就結束了，大腦的神經可塑性也就變得很小了。

如果孩子錯過了敏感期，會發生什麼事？

蒙特梭利博士早期還受法國兩位科學家影響比較大，其中一位就是讓・伊塔爾（Jean Marc Gaspard Itard）。關於伊塔爾醫生，最著名的事情就是他曾收養過一個野孩子。

在大腦中，與語言能力相關的神經中樞位於大腦左側，包括布洛卡區（Broca's area）和韋尼克區（Wernicke's area）。位於左腦前葉的布洛卡區主要負責語言資訊的處理和話語的生成，位於大腦顳葉的韋尼克區主要負責理解單詞的意義。可以說，韋尼克區是我們的詞典，而布洛卡區是我們的語法書。研究顯示，布洛卡區受損的患者無法說出完整的句子，他們說話的感覺就像打電報一樣，在蹦單詞，但是並不影響他們對意思的理解。而韋尼克區受損的患者則會產生嚴重的失語症：他們雖然能說出類似整句的話，但是完全不知所云。

非常有意思的是，孩子在剛開始說話的時候也是先蹦單詞，然後慢慢開始說出更多的詞，最後才能說出完整而有意義的句子。神經生物學家透過研究可以很好地解釋這個現象：負責記憶單詞的韋尼克區發育較早，而負責語法的布洛卡區的發育則需要依靠外界經驗的輔助。隨著神經細胞髓鞘化的逐漸形成，大腦用於傳導資訊的神經網路高速公路在大約4歲的時候逐漸形成。在這一過程中，人類的基因給了我們區別於其他動物可以開口說話的先天基礎，但是後天經驗的塑造則決定了我們最終能否開口說話。

科學實證

一個叫維特的孩子在森林中被人捕捉到，傳說他是在森林裡被野獸養大的。在一八〇〇年被人發現的時候，維特已經12歲了，但是除了號叫，他沒有任何人類的語言能力。伊塔爾醫生試圖教維特學習發音、字母，卻始終收效甚微。小維特在語言學習的敏感期沒有像其他孩子一樣發展語言和智力，隨著大腦可塑性的逐漸變小，他大腦中與語言能力相關的神經突觸或許已經被淘汰，無法建立新的連接，因而從頭學習語言的挑戰可想而知。伊塔爾醫生雖然最後沒有成功，不過他的嘗試對日後特殊教育的發展影響深遠，可以說是啟智教育的先驅，而且影響了蒙特梭利博士的教育理念和方法。

研究還顯示，負責處理語法的布洛卡區的關鍵發育期在6～7歲結束，而韋尼克區並沒有界限分明的關鍵期。所以，要想讓孩子日後具備良好的語言能力，就必須抓住語言敏感期，釋放孩子的語言潛能。在上一本《教會孩子照顧自己》中，我們分享了作為兩個華人在家對孩子進行早期雙語教育啟蒙的實驗，到這本書出版為止，雙語實驗的效果一直很理想，目前孩子已經可以自然拼讀了。

低刺激環境

低刺激環境，換句話說就是樸素的、沒有聲光電元素的環境。

在網路時代，父母們必須要面臨一個新的課題，那就是電子產品的取捨。身邊很多家庭都會主動提供平板電腦給孩子，有不少還是標榜寓教於樂的口號。孩子們捧著平板電腦既能學習知識，又能解放父母，何樂而不為呢？但是我們不認為在這個階段大規模地利用電子產品「學習」，是適合6歲以下孩子的方式。

蒙氏爸媽日記

今年去巴黎過耶誕節，順路去探訪了曾經工作過的學校，這也是離開法國三年後，第一次帶著女兒回去。

三年，以為曾經帶過的孩子都離開了，像埃羅和，想不到一進學校大門，就碰到了一位熟識的媽媽。我們熱絡地聊了起來，由於她和埃羅和的媽媽走得最近，我自然問到了埃羅和的去向。

這位媽媽說：「她回到家裡了，在家裡自學（home school）。」

我驚訝地問：「為什麼？」

這位媽媽突然支支吾吾起來，沒有給我一個明確的答案，我也沒有再追問。後來我回想起埃羅和的很多事。

埃羅和5歲才進入我的班級，我很快發現她的閱讀能力領先同齡孩子一大截。於是我提供了很多閱讀小書給她，但她並不感興趣。有一次她甚至告訴我：閱讀真噁心。

記憶再往前推，那是剛開學時的家長會。大家在討論電子產品的利弊，校長提出，真正有教育意義的App其實非常少。這時有一位家長立刻反駁道：「不會啊，現在很多App設計得非常好，我女兒這個暑假就一直在玩，她在閱讀方面進步飛快。」

這位家長就是埃羅和的媽媽。

當時我並不好意思當眾顛覆她的「成功」經驗，只是委婉地提出了我的觀點，大概意思就是蒙特梭利教具非常樸素，就是不想給孩子過多的刺激和干擾，不然孩子很快就會對不那麼絢麗的學校教育失去興趣。

後來埃羅和的媽媽也意識到了問題的嚴重性，因為埃羅和雖然掌握了閱讀技能，卻並沒有對閱讀產生真正的興趣，整日央求著媽媽「玩一會兒手機」……。

回想起這些，我便猜想到為什麼多年之後的埃羅和要被迫在家裡自學了。後來我的猜想也得到了校長的證實。

除了會對眼睛造成不可逆的傷害，研究表明，過多的螢幕時間實際上還損害了涉及情緒處理、執行注意、決策制定以及認知控制的大腦區域。與樸素的蒙特梭利環境相比，電子產品最大的特點就是高刺激性，而這容易過於快速地激發孩子大腦中的獎賞機制。

孩子很容易被螢幕上絢爛多彩的感官刺激吸引，或許順便也學到了不少知識，但是孩子並沒有對知識燃起真正的熱情，一旦脫離了電子產品這個載體，沒有了「點一個按鈕就能出現聲音和應接不暇的精彩畫面」的環境，孩子是否還願意透過加倍的主動和辛苦的付出來學習呢？

使用電子產品學習，一個簡單的動作就能獲得那麼多獎賞，就會製造出那麼多的多巴胺，小小孩童如何能抵擋？這其實和過去在幼兒園裡，老師給孩子獎勵貼小貼紙的本質是相同的，只不過更加頻繁和刺激罷了。

蒙特梭利博士反對透過獎勵和懲罰的方式誘導或者逼迫孩子學習，因為這樣會破壞孩子對學習的內在驅動力。現實有益的環境往往是低刺激的，比如探索粉紅塔，孩子需要一塊塊地搬運，然後搭建，剛滿3歲的孩子或許要花半個小時的時間才能完成這項工作，這麼遲緩的獎賞怎能和眼花繚亂的電子產品相比呢？

沒有了電子產品這種能讓孩子輕而易舉獲得激勵回饋的東西，他才更容易沉浸在我們為他準備的樸素環境當中。所以，我們應該多鼓勵孩子真正地與現實生活相聯結，帶他慢節奏地探索顏色、形狀、聲音、味道、文字、數學、地理、動植物、時間等原本精彩的世界。當我們真正激發了孩子對真實世界的興趣，才能讓孩子在未來擁有儘管被虛擬世界包圍，也不會沉迷其中的內在力量。

當然，隨著科技的發展，孩子們會不可避免地接觸越來越多的電子產品，我們也不需要走向另一個極端，視電子產品如洪水猛獸。其實只要我們在孩子6歲之前，沒有將電子產品當作孩子的「保姆」或者「老師」，而是從一開始就向孩子示範電子產品的正確使用方法就可以了，比如可以將網路當作更加快捷方便的百科全書。而且，隨著孩子心智的發展、自律的出現，只要我們循序漸進地增加孩子使用電子產品的時間和頻率，科技就會成為家庭教育的幫手，而不是敵人。

未來的蒙特梭利教育

蒙特梭利教育理念是禁得起科學推敲和實踐檢驗的，同時蒙氏教具也在隨著時代的發展而逐步變得完整和完善。

新時代的蒙特梭利教具，依然運用天然材料製作展示。比如跟孩子進行計算機科學啟蒙，可以讓孩子瞭解電腦原理、印表機及螢幕顯示原理等，但並不是非要透過讓孩子使用電腦才能實現。例如美國麻省理工學院媒體實驗室開發的一些基於蒙特梭利思維的木質教具，就可以簡單、生動地讓孩子理解電腦的二進位演算法，以及一些簡單的命令語句。運算思維（computational thinking）是一種解決問題的技能，孩子掌握了這種技能，還可以應用於其他學科之中。

二元塔

這些塔分別是8個球高、4個球高、2個球高和1個球高，用於表示二進位計數。塔要不完全填充到頂部，要不保持全空狀態。當塔被裝滿時，蓋子會關閉並顯示「1」；當塔為空時，蓋子會保持打開狀態並顯示為「0」。孩子透過將塔填滿來領會二進位計數系統，塔蓋上的數字顯示球的數量所代表的二進位數字。

程式設計像素板（Pixel Boards）

程式設計像素板使用物理塊來創建簡單的代碼行，以此來構建繪圖。這些物理塊由軟木板上的瓷磚馬賽克組成，孩子可以透過數字代碼來探索圖像的構建方式，以及圖塊如何表示像素，即圖塊越多，圖像內容就越詳細。

負責這個項目的金伯莉．史密斯寫道：「如果電腦科學是一門新的語言，我們正在創建的這些學習教具就是這門語言的『ABC』。」這些教具並不能幫助孩子掌握電腦科學，卻會為他們未來的深入學習埋下一顆種子。在探索的過程中，孩子不知不覺激發了興趣，積累了感官經驗，就如同我們在之後的章節中將會講到的，蒙特梭利的感官教具和數學教具能夠為孩子未來的數學學習做好準備一樣。

當今世界，各行各業的人才開始進入蒙特梭利教育這個領域，為這經久不衰的教育方法注入新鮮的血液。蒙氏教育，不僅禁得起上百年時間的考驗，還會隨著時代的發展不斷與時俱進。我們夫婦二人將

程式設計像素板[13]

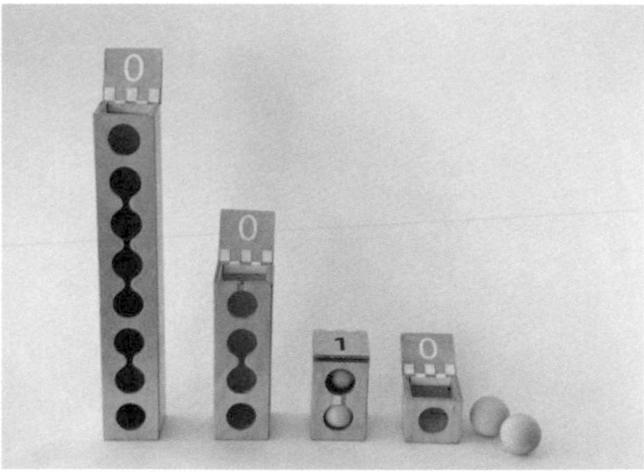

二元塔[12]

會共同努力，用現代科學語言為家長詮釋蒙特梭利教育，並介紹適應新時代的蒙氏新教具，設計適合家庭應用的蒙氏教玩具，為蒙氏教育進入更多的華人家庭貢獻綿薄之力。

參考文獻出處

1. Simonson, T.S. et al. Genetic evidence for highaltitude adaptation in Tibet. *Science* 329, 72-5 (2010).
2. Lakhani, C.M. et al. Repurposing large health insurance claims data to estimate genetic and environmental contributions in 560 phenotypes. *Nature Genetics* 51, 327-334 (2019).
3. Bird, A. Perceptions of epigenetics. *Nature* 447, 396-8 (2007).
4. Ge, C. et al. The histone demethylase KDM6B regulates temperature-dependent sex determination in a turtle species. *Science* 360, 645-648 (2018).
5. Deveson, I.W. et al. Differential intron retention in Jumonji chromatin modifier genes is implicated in reptile temperature-dependent sex determination. *Science Advances* 3, e1700731 (2017).
6. Dias, B.G. & Ressler, K.J. Parental olfactory experience influences behavior and neural structure in subsequent generations. *Nature Neuroscience* 17, 89-96 (2014).
7. Heijmans, B.T. et al. Persistent epigenetic differences associated with prenatal exposure to famine in humans. *Proceedings of the National Academy of Sciences of the United States of America* 105, 17046-9 (2008).
8. Sorrells, S.F. et al. Human hippocampal neurogenesis drops sharply in children to undetectable levels in adults. *Nature* 555, 377-381 (2018).
9. Zheng, J.J. et al. Oxytocin mediates early experience-dependent crossmodal plasticity in the sensory cortices. *Nature Neuroscience* 17, 391-9 (2014).
10. Corel, JL. *The Postnatal Development of the Human Cerebral Cortex. Cambridge,* MA: Harvard University Press, 1975.
11. Doidge, N. *The Brain That Changes Itself: Stories of Personal Triumph from the Frontiers of Brain Science*. Penguin Books, 2008.
12. 該圖由金伯莉・史密斯（Kimberly Smith）授權使用。
13. 同上。

Part 2

實踐篇

手把手帶你在家蒙氏育兒

我的工作就像是把好的小麥種子準備好，提供一塊肥沃的土地，以便孩子可以按照自己的意願播種。但事實並非如此。當我去到地裡，我發現的是黃金，而不是小麥。土壤中藏著珍貴的寶藏。

——瑪麗亞．蒙特梭利

第3章

感官探索

蒙特梭利博士認為，智力的內容無一不來自感官的獲取，外部知識的元素都是透過感官獲得的。五種感官像五扇大門，讓知識源源不斷流入人的心智。心智將資訊整合，精心地組合、儲存，構建知識的結構。

在與孩子的朝夕相處中，我漸漸地發現，感官這五扇大門，從一出生就是完全敞開的，孩子只是對湧入大門的資訊不加選擇，不論這些資訊對現實生活重不重要，他們都會予以關注。就在我們不太留意的地方，孩子可能表現出了驚人的天賦。

蒙氏爸媽日記

有一天我和女兒在遊樂場玩，有個小朋友在滑梯軌道裡哭了。女兒頭也不抬地說：「湘湘哭了！」

湘湘媽媽聽了立刻站起來過去看，果然是湘湘。遊樂場裡有一大堆的孩子，笑聲、哭聲此起彼伏，連媽媽都分不清楚自己孩子的聲音，可是孩子卻能瞬間識別。

——安尼卡媽媽

有一天午休時間，大家都躺好了。我發現一雙襪子被扔在了地上，就問是誰的。可是沒有人認領。這時候如意說：「老師，給我看看。」如意拿著襪子聞了聞肯定地說：「是瑞瑞的。」我都震驚了，一問果然是！

——魏老師

蒙特梭利教室中，特別為孩子準備了一個豐富細膩、秩序優美的感官世界，能讓孩子親手摸、親眼看、親耳聽、親自聞和嘗，借此來體驗其中的微妙差異，將這些感官經驗分類、對比、配對、排序，蒙特梭利博士相信這些經驗會幫助孩子的感官持續地精細化發展。從腦科學的角度來講，這些經驗會幫助孩子將自己的感官天賦更長久地活化、保留，不致在理性大腦的建構過程中，逐漸地被削減和埋沒。

蒙特梭利博士曾經在她的著作中寫道：

我們的感官教具為兒童打開了世界之門，開拓了他的視野，讓他能夠看到更多細節，而這些是他在尚未接受教育時感受不到的。同時，與孩子高能量相關的一切都成了一種刺激，促使他的創造力發揮作用，讓其飽含探索精神的心智產生更多的興趣。

如果我們向兒童提供一些具有不同特徵的物體，就像向他提供了一份字母表，為他打開了知識的大門。兒童一旦學會了區別每個物體的特徵，以及每個特徵在不同階段的特點，他就可以進一步瞭解周圍的環境以及這個世界。外界的這一「字母表」具有不可估量的價值。事實上，文化不僅僅是資訊的積累，也是性格的完善。教授一個感官受過訓練的兒童和教授一個感官尚未受訓練的兒童截然不同。

蒙特梭利學校的陳垠老師告訴我，他有一個美國同事，小時候上的就是蒙特梭利幼兒園。據那位同事自己說，因為小時候經常做色板的工作，發展出了一種叫作絕對記憶的機制。你隨便給她看一個顏色，比如某種藍色，她就能憑著記憶，買到跟那個藍色深淺一模一樣的藍衣服回來。

可見，豐富有序的感官環境能夠幫助孩子的感官處於最活躍的狀態，在比較、分類、配對、排序等活動中，感官敏銳度不會隨著年齡的增長逐漸降低，反而會越來越發達，甚至達到剛剛那個案例中的「特殊機制」的狀態，這種「特殊機制」在現實中也有很多意義，比如在服裝設計、音樂創作、紅酒品鑒等行業中的應用。

那應該如何科學地為孩子準備一個豐富有序的感官環境呢？蒙特梭利博士曾寫道：

好的感官教具就是能夠成功地將一個抽象的概念具體化，以一種合適的方式呈現給兒童，也就是達到在可感知的物體的外觀下，兒童的心智能夠喜歡它並對它產生濃厚的興趣。可以從物化的抽象這一角度來看待感官教具。它以一種獨特、有形、有序的方式為兒童展示顏色、大小、形狀、氣味和聲音等，使兒童自發地將這些性質進行分析和分類。

具體來說，我們要從視覺、觸覺、聽覺、味覺和嗅覺幾個方面來做準備。

視覺部分，包括物體的顏色、形狀和空間位置。剛開始應將孩子的注意力集中在一個重點上，比如探索顏色的教具是形狀統一、只有顏色變化的色板。

觸覺部分，包括觸摸物體表面粗糙光滑程度、觸摸布料等。也是要讓孩子先從單一的性質開始，慢慢再增加難度，以更精細的觸覺為基礎進行綜合感覺能力的練習。比如讓孩子蒙上眼睛，關閉視覺管道，完全用手來識別物體的大小、形狀、溫度、重量等。

聽覺部分，從辨別聲音，到鑒賞音樂、瞭解樂器。

嗅覺和味覺部分，即讓孩子聞和嘗不同的味道。

蒙特梭利的感官教育為孩子提供了一個精細感官經驗的環境，在這個豐富有序的環境中，讓孩子的視覺、觸覺、聽覺、嗅覺和味覺，各個部分的感官都得到刺激發展並且相互助益。

更重要的是，這些還不是蒙氏感官教育的全部意義。這些感官經驗還有更深層的目的，那就是提高孩子的邏輯分析、語言表達、綜合概括等能力，為今後進入更加抽象的書寫、閱讀、數學、科學等學術領域的學習做好積累和準備。

比如蒙氏感官教具中有很多都會涉及幾何學。很多研究表明，用傳統方法學習幾何，孩子需要費很大的力氣才能在腦海中描繪出形狀，要花更大的力氣才能在腦海中「翻轉」這些形狀。而在蒙特梭利教室，孩子是透過觸摸來學習幾何的，他們不僅可以用眼睛看，還可以透過親自動手操作來探索和發現形狀之間的關係和組合變化。

就連抽象的二項式定理，也是透過可搭建的積木塊來展示其幾何含義的，比如二項式的視覺化教具。

二項式立方盒

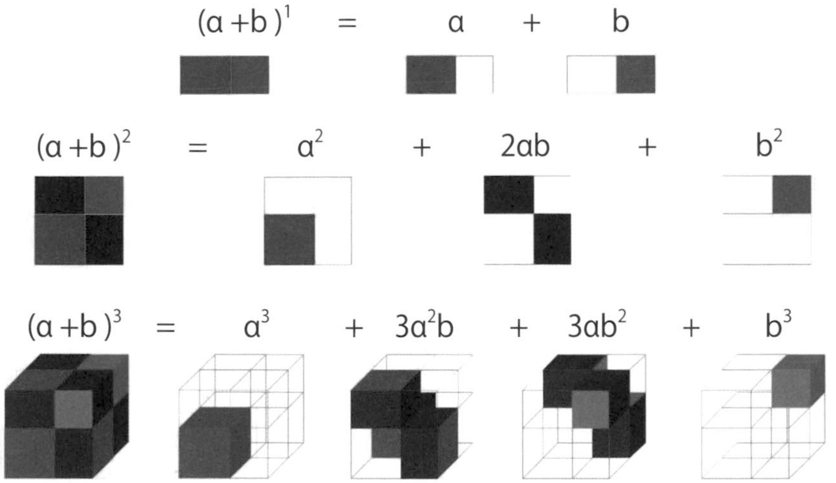

三次冪的二項式展開視覺化

蒙特梭利博士曾寫道：

兒童生活的環境中一般都缺乏與數學精確性有關的東西。大自然為幼兒準備了樹木、花草與動物，卻沒有與數學精確性有關的東西。因為缺少機會，必然會妨礙兒童數學傾向的發展。所以，我們把感官教具當作「具體化的抽象或基礎數學」體系。

因此，在之後的語言表達和數學邏輯部分，我們還會不斷地回到感官活動當中。也許從表面來看，感官探索沒有語言表達和數學邏輯那樣會帶來更直接的效果，但是感官探索對於孩子心智的發展意義深遠，是整套蒙氏家庭教育方案的根基。

視覺・三維空間

在蒙特梭利教室裡，積木可不是普通的積木。

蒙氏教具中有三套最經典的積木：粉紅塔、棕色梯、紅色棒，它們是專門用來輔助孩子透過視覺辨別和觸摸來感受物體的三個維度。粉紅塔、棕色梯、紅色棒分別指向三維變化、二維變化和一維變化；每套積木都是由10塊小積木組成，體現的是數學中的十進位；每一塊積木的遞增都是等量的。以粉紅塔為例，粉紅塔由10個立方體構成，三個維度即長、寬、高以三次冪的代數方式遞增。

當我們和孩子一起從大到小搭建結束後，會發現整個粉紅塔呈現出三維立體的視覺美感。蒙特梭利教育透過教具來展示數學的和諧之美，以此激發孩子與生俱來的數學心智。

粉紅塔、棕色梯、紅色棒為孩子積累了最初關於數學十進位、幾何和體積等抽象概念的具象經驗。透過搭建粉紅塔、棕色梯和紅色棒，孩子不僅具象地認識了物體的大小、粗細、長短，提高了視覺辨別能力，同時他的動作控制能力、專注能力和邏輯判斷能力都會逐漸提高。

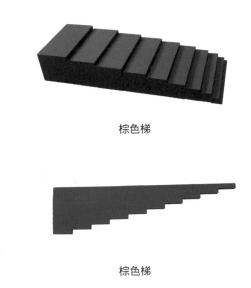

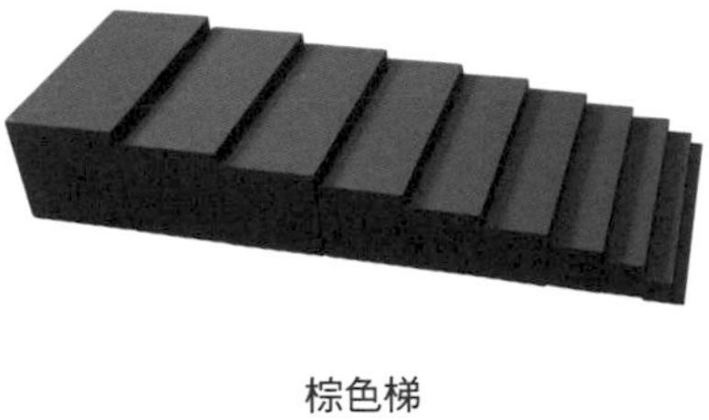

棕色梯

粉紅塔

棕色梯

當孩子能輕鬆地搭建塔、梯、棒之後，便可以繼續發揮創意，搭建出更多造型，或者將兩三套積木組合拼搭起來。

在家中，孩子的空間幾何啟蒙，最理想的道具就是高品質的積木。將我們小時候，或者孩子的哥哥姊姊玩過的積木收集起來，同樣可以培養孩子的空間想像力，關鍵在於巧妙引起孩子的注意和興趣。

蒙氏爸媽日記

德國的父母很青睞二手玩具市場，因為德國盛產高品質的木頭玩具，如果這些玩具沒有留在家族中一代傳一代，就會在二手市場上轉讓給新手父母。

我也在二手玩具市場為女兒買了很多二手積木，各種款式的滿滿一大箱。可是剛開始女兒對積木一直興趣不大。

有一天，我一個人很認真地挑出了箱子裡各種大小不一的紅色圓柱，從大到小水準排列，然後又將它們垂直搭成紅塔。很快，女兒就被吸引了過來，在一旁睜著大大的好奇的眼睛觀察了我一會兒，然後就開始自己找同一種顏色的積木塊搭建了。從那以後，積木便成了她最愛的玩具之一。

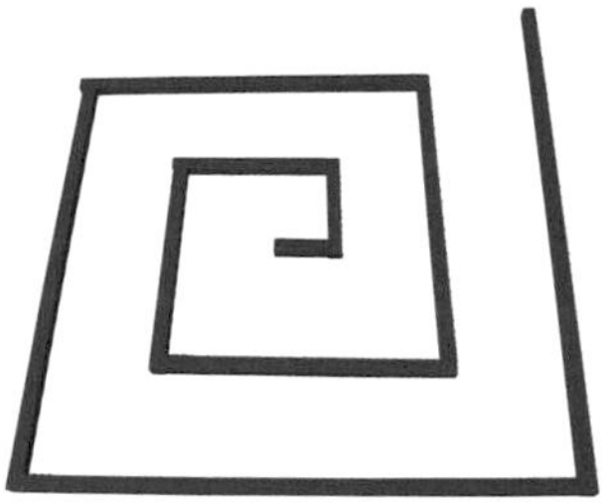

棒迷宮

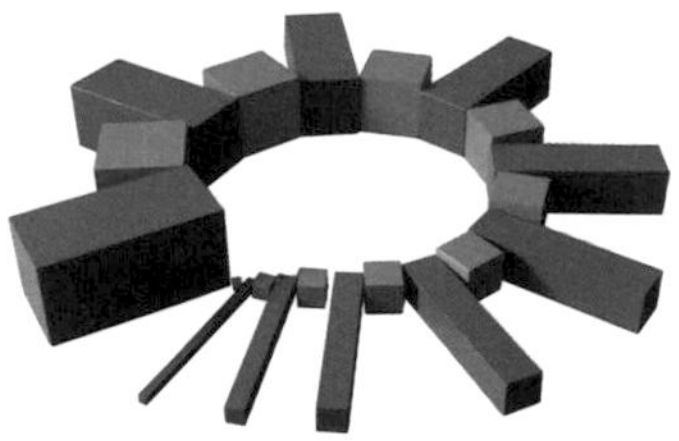

棕色梯和粉紅塔組合拼搭

視覺・顏色

借助色板，我們帶孩子進入多姿多彩的顏色世界。

蒙特梭利教室裡共有三套色板教具：第一套色板展示的是三原色，即紅、黃、藍；第二套色板，共有11種顏色；第三套色板，共有9組、63種顏色。

第三套色板也可以叫作漸層色色板，可以讓孩子將每組同色系的顏色從深到淺排列，呈現出漸層色的效果。我們的肉眼大約可以區分出上百萬種顏色，因此漸層色色板可以激發孩子對細微色差的注意和興趣。

在家中，我們可以透過顏色純正的色卡、色布或者色板來向孩子介紹顏色。每介紹一種顏色，就可以帶著孩子在家裡或者大自然中尋找相同或者相近顏色的事物，進行配對和比較。當孩子認識了很多種顏色之後，就可以讓他利用身邊所有多彩的物品，比如扣子、色筆等做顏色分類。

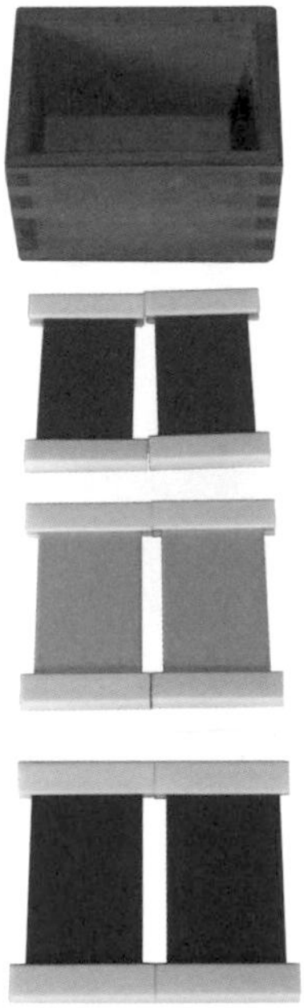

第一套色板

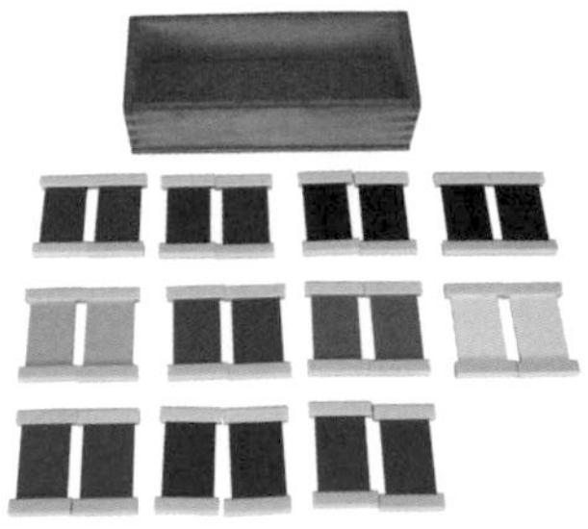

第二套色板

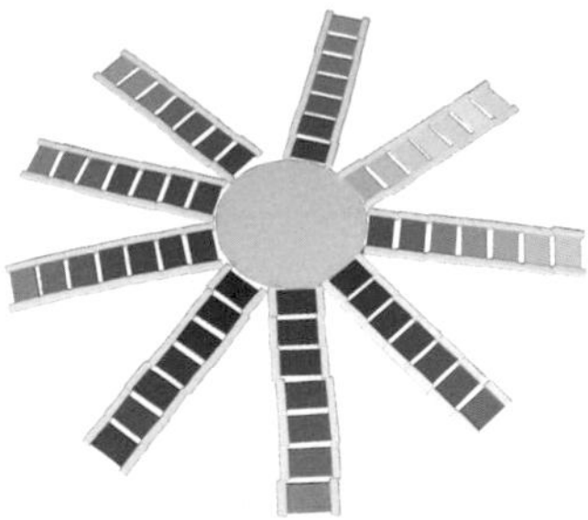

第三套色板

我們還可以跟孩子一起做三原色混合小實驗。比如紅色和黃色混合成為橙色，紅色和藍色混合成為紫色，黃色和藍色混合成為綠色。我們還可以在同一種顏色中加入白色或者黑色，觀察顏色的變化。

蒙氏爸媽日記

和孩子一起逛街，也可以是奇妙的感官之旅。今天的主題是探索顏色，女兒特別積極地幫我選衣服，然後我和她一起分析衣服的顏色：「你選的紫色給人冷的感覺，你的皮膚適合這種冷色，但是我更適合暖色，我們一起找找暖色調的衣服吧。」

於是女兒開始馬不停蹄地尋找，不斷地問我：「媽媽，這個是暖色嗎？」

雖然色調冷暖的概念對於女兒來說還有點難理解，但是她對顏色越來越敏感，後來找到了一個橘色的衣服，問我：「媽媽，這個是太陽的顏色，很暖。」

我說：「的確是，橘色是暖色，謝謝你呀，能不能幫我找找更淺一點的橘色，更淺一點的橘色會更適合我。」

於是女兒開始興趣盎然地對比她找到的各種橘色衣服，嘴裡還念念有詞：「這個太深，這個比較淺……」

三原色混合小實驗

視覺・形狀

從平面形狀到立體幾何形狀，我們可以帶孩子進入千變萬化的形狀世界。

在蒙特梭利教室，有一個很大的抽屜盒子，總共六層。上面一層是三個最基礎的形狀：圓形、三角形、正方形。下方每一層都會展示同一類別的不同形狀，比如某一層展示的都是正多邊形。孩子可以觸摸不同的形狀，並記憶各種複雜的名稱。

當孩子熟悉了所有形狀後，我們便可以帶他一起將形狀嵌板和卡片進行配對。這項活動能讓孩子透過感官培養抽象思維，比如孩子看到一個木頭的平面幾何形狀，就能認出這是三角形。那麼在卡片上畫一個三角形，他能認出來嗎？

在家中，我們可以用硬紙板裁剪出各種形狀，或者利用形狀拼圖、形狀印章來給孩子介紹形狀，還可以和他一邊散步，一邊尋找建築中的形狀，或是在大自然中用小木棍、小樹枝來搭建記憶中的形狀。

等孩子熟悉了基礎的平面形狀之後，就可以給孩子介紹十個立體幾何形狀：正方體、三角柱、長方

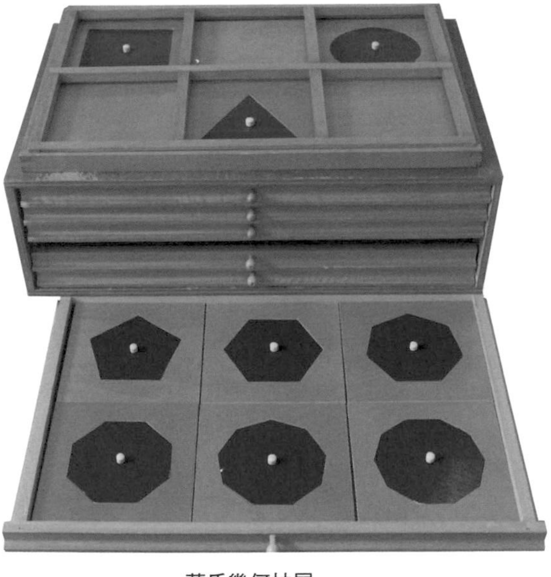

蒙氏幾何抽屜

體、三角錐、四角錐、圓柱體、圓錐體、球體、橢圓體、卵形體。

同樣也可以將立體形狀和卡片進行結合配對。孩子會發現，有的立體形狀可以與不同的卡片相配，比如三角柱既可以配三角形，也可以配正方形；有的卡片可以與不同的立體形狀相配，比如圓形既可以配球體，也可以配卵形體。孩子可以自由地探索發現形狀世界的奧妙。

在家中，我們可以將生活中的實物與立體形狀聯繫起來，時時激發孩子的聯想。比如吃甜筒冰淇淋的時候，就可以聯想到圓錐體。還可以用磁力片玩具搭建立體形狀，或是用黏土、橡皮泥捏出各種立體形狀，再用刀切開橫截面，讓孩子觀察橫截面是什麼平面形狀。

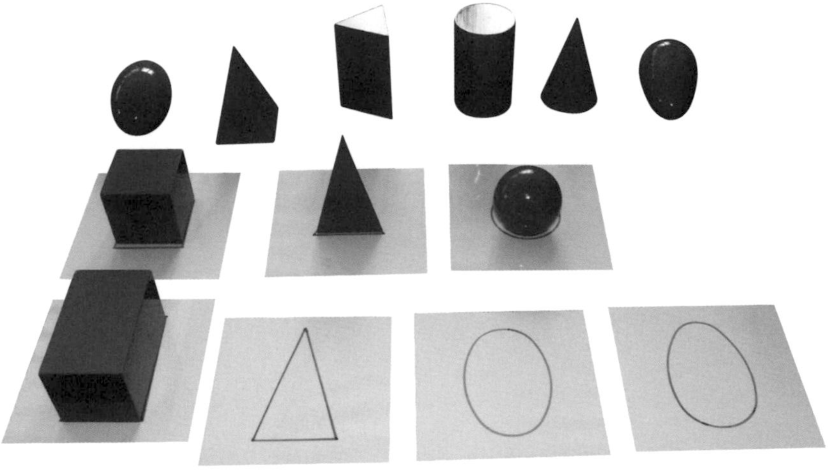

立體幾何形狀

視覺・彩色圓柱

前面講到的感官教具都是單一難度分離的，不管是三維空間，還是顏色或者形狀，都是讓孩子專注探索一個要素。接下來，我們要試著讓孩子將這些要素組合起來進行探索了，比如色彩斑斕的三維空間探索——彩色圓柱。

蒙特梭利博士設計的第一個感官教具其實是插座圓柱，這個教具可以讓孩子在探索三維空間的同時，鍛鍊三指抓握能力，為未來的握筆書寫做基礎練習。這也是為什麼我們在《教會孩子照顧自己》中推薦帶有小抓手的拼圖的原因。1～4歲時多給孩子玩帶抓手的拼圖，將來練習握筆會更容易。

彩色圓柱就是在插座圓柱的基礎上，增加了顏色的變化。彩色圓柱分成四組，如果

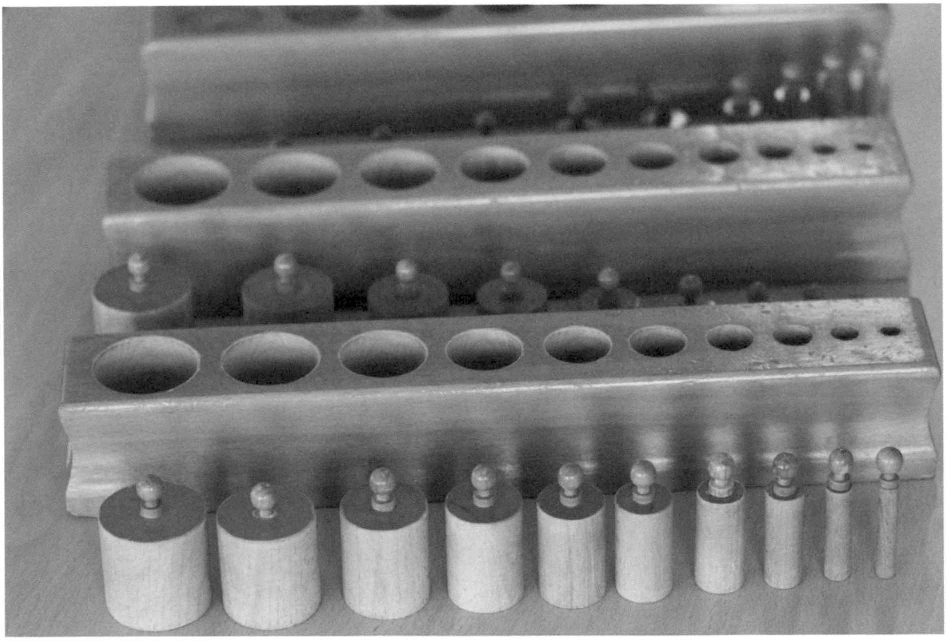

插座圓柱

一一探索的話，功能和粉紅塔、棕色梯、紅色棒類似，因為這兩套積木大部分的維度變化設計是一樣的。

按照先易後難的順序，我們先找出跟粉紅塔的三維變化一致的一組，從大到小水準排列，然後再搭成高塔。其他三組的操作也是類似。等孩子能單獨完成這四組的搭建後，再來嘗試兩組組合搭建、三組組合搭建，最後是將這四組組合一起搭建起來。

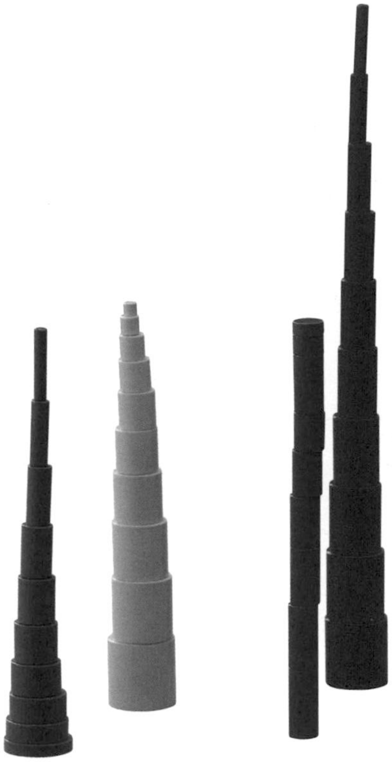

彩色圓柱

視覺・百變形狀

為孩子提供多色及大小漸變的三角形、圓形、正方形卡片，孩子便會發揮創意將這些形狀組合成各種造型，在這個過程中，他會逐漸發現內切圓、外切多邊形、線、角、弧等概念，有助於未來更好地理解幾何形狀之間的關係。

在家中，我們很容易就能用彩紙或者不織布裁剪出大小漸變的圓形、三角形、正方形，來和孩子一起拼接各種創意圖形。

百變正方形

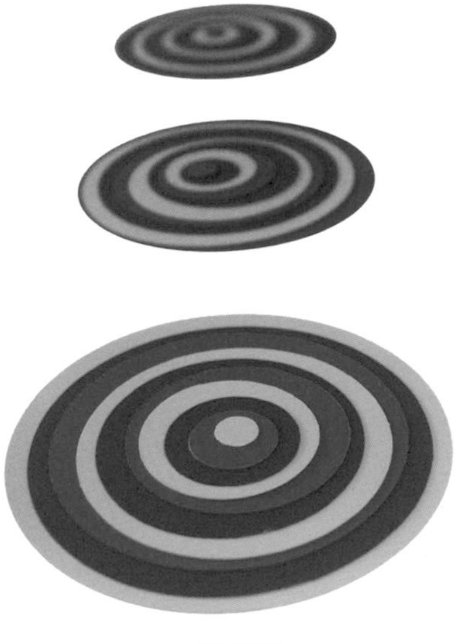
百變圓形

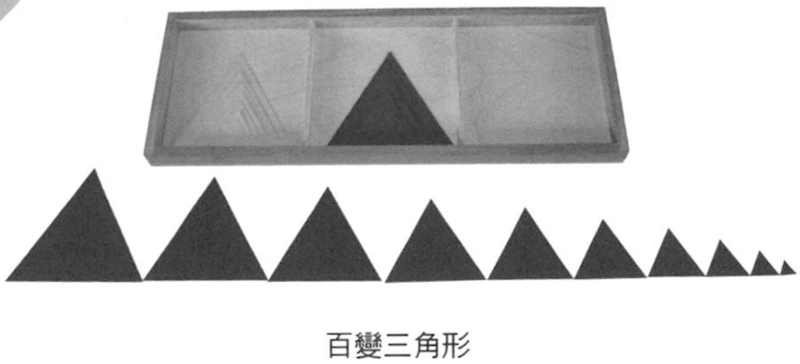
百變三角形

視覺・魔力三角形

三角形相當有魔力，因為所有由直線構成的平面幾何圖形都能由三角形構成。蒙氏教具中的構建三角形教具，很像我們小時候玩的七巧板，不過全部都是五顏六色的三角形。孩子可以透過拼接、翻轉、疊加等方式構建出正方形、長方形、菱形、梯形、六邊形等。構建過程中，孩子能夠直觀地瞭解形狀之間的關係，理解全等、相似、等價等幾何抽象概念，為未來的幾何學習奠定感官基礎。

可以透過跟孩子對話、向孩子提問的方式，引導他發現三角形的魔力。

「看，這幾個都是等邊三角形。」

「將灰色的三角形重合到另外三個大三角形上，會發現什麼？」

「綠色的大三角形是從中間分割的，那黃色和紅色的是怎麼分割的？」

「綠色的大三角形分割成了幾個部分？黃色的和紅色的呢？」

「將綠色大三角形分割出的一部分拿出來看看是什麼形狀？」

在家中，我們可以借助市面上常見的七巧板來和孩子一起探索三角形的魔力，和孩子用三角形拼接出正方形、長方形、菱形、六邊形……，在這個過程中，巧妙地引導孩子注意到形狀之間的關係。

構建三角形

視覺．多項式視覺化

二項式和三項式立方盒的操作，表面來看是孩子透過對形狀和顏色的辨別來搭建正方體的過程，而實際上是在用手以及眼來親自拆解和組合這兩個代數方程式的內部結構：

$$(a+b)^3 = a^3+3a^2b+3ab^2+b^3$$

$$(a+b+c)^3 = a^3+3a^2b+3a^2c+b^3+3ab^2+3b^2c+c^3+3ac^2+3bc^2+6abc$$

十項式正方形則極為優雅地展現了多達十個變數的方程式幾何含義，$(a+b+c+d+e+f+g+h+i+j)^2$這個式子看起來很複雜，但是我們完全可以將其具象成一個吸引孩子探索的多彩拼圖。因為孩子有了二項式和三項式立方盒的經驗，所以我們可以從二項式平方著手，將紅色和綠色的拼圖塊分別看成一個邊長為a的正方形、一個邊長為b的正方形，以及兩個邊長分別為a和b的長方形；於是，由紅色和綠色的拼圖塊組建的正方形，用代數形式呈現就是$(a+b)^2$。然後再加粉色，就成了三項式平方$(a+b+c)^2$，依此類推，一直到十項式平方，如同十個遞增的正方形疊加。每加一種顏色，

二項式和三項式立方盒

就構建出一個新的正方形。

我們完全不需要向孩子提及任何學術知識點，只是像玩拼圖一樣，讓孩子自己發現其中的規律，等待孩子自發、主動地去完成這個拼圖。對於代數、幾何的啟蒙而言，獲得這些具象經驗要比先記憶公式，然後生搬硬套要重要得多。當孩子專注、持續地完成了這項大工程後，不僅會在腦海中構建出壯觀的十項式幾何平面圖，更重要的是建立了探索發現的自信。你會看到一個超乎尋常自律、專注的新生命。

如果孩子對積木搭建和拼圖保有濃厚的興趣，那麼4歲半以後，就可以考慮為其購買相關的蒙氏教玩具了，因為市面上很難找到具有類似功能的玩具。

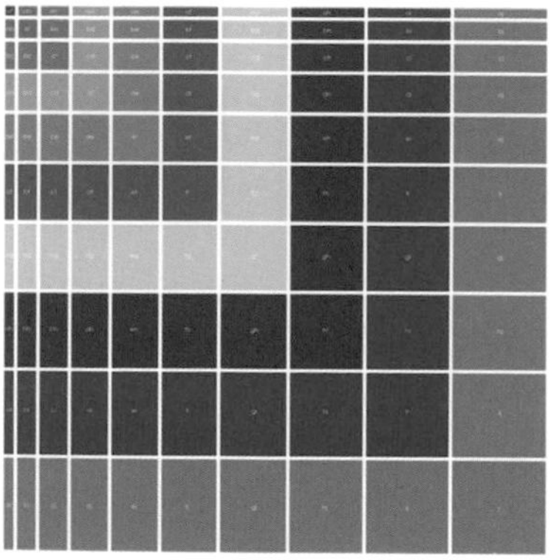
十項式平方的代數展開

十項式正方形

觸覺・材質

前面講的是感官部分的視覺探索，其實孩子在探索的過程中不僅僅是透過視覺在分辨，同時還要用手去觸摸。將抽象的概念變得可觸摸，這是蒙特梭利教學法最大的特色之一。而在觸覺探索的活動中，反而要努力讓孩子關閉視覺管道。讓孩子閉著眼睛感受粗糙或者光滑的表面，比如閉著眼睛觸摸樹皮或者大理石表面，這樣能讓他對粗糙或者光滑的觸感有最直接、最深刻的觸覺印象。

如果孩子能夠分辨粗糙和光滑，就可以再進一步，讓他觸摸不同程度的粗糙表面，然後比較哪個更粗糙，比如將粗糙程度不同的磨砂板從粗糙到相對光滑進行排列。

我們還可以蒐集多種不同材質的布料，比如棉布、麻布、天鵝絨、絲綢等，把它們剪裁成手帕大小，先讓孩子感受這些布料的不同觸感，熟悉之後，再將布料名稱介紹給他。

還可以跟孩子玩一個配對遊戲。不同的布料各準備兩塊，然後用眼罩將孩子的眼睛蒙起來，讓他用手感受摸到的布料是什麼材質，將兩塊相同材質的布料配對擺放。

生活中，在安全的前提下，應該盡量允許孩子到處碰、到處摸。摸不同的紙張，摸不同動物

觸覺配對

的皮毛，還可以比較物體的溫度、重量等。比如用手來觸摸杯子，比較哪個杯子裡的水溫更高；用手來掂量水果的重量，比較哪個更重。

精進觸覺，除了閉上眼睛或者戴上眼罩摸，還可以跟孩子玩「神祕袋」遊戲，即將物品放入一個不透明的袋子中，讓孩子不依賴眼睛，完全靠觸覺來辨別神祕袋裡的物體。

我們可以準備三個神祕袋，難度逐漸增加：

- 第一個神祕袋裡只放多個長方體和正方體
- 第二個神祕袋裡放多個立體形狀，比如球體、圓錐體、三角柱等
- 第三個神祕袋裡放各種有細微差別的小物件

然後為孩子示範神祕袋的玩法。眼睛看向別處，把手伸入袋子，興奮地說：「咦！我摸到了一把小勺子。」拿出來後一看，果然是一把勺子。

孩子看到你玩，也會迫不及待地想要自己嘗試一把。

神祕袋遊戲

聽覺・聲音

蒙特梭利老師經常做一些幫助孩子發展聽力的小活動，比如讓大家閉上眼睛，老師在遠處輕輕叫孩子的名字，讓聽到自己名字的孩子悄悄走到老師身邊。再比如和孩子一對一地做音筒辨音和配對的遊戲。

在蒙特梭利教室裡，有時還能看到模擬鋼琴C音階的音感鐘。孩子透過反覆聽，逐漸熟悉了所有音，然後就可以玩一些音階的配對和排序遊戲了。有的孩子經過練習甚至能開始簡單地譜曲創作。

我們在家裡可以用同樣的理念來帶孩子進入奇妙的聲音世界，比如帶孩子感受大自然的聲音，在大自然中識別各種動物的叫聲，以及風聲、水聲等；帶孩子聽不同的樂器單獨演奏的片段，然後向他展示這種樂器

音筒辨音和配對

的小模型或者卡片，當孩子熟悉了這些樂器之後，就可以給他聽某種樂器的演奏，讓他找到相應的模型或者卡片；還可以和孩子一起玩簡單的兒童樂器，像是敲鼓，帶他感受強弱輕重的節奏。

我們還可以自製教具，跟孩子一起玩音階排序的遊戲：找來五個瓶子，裡面裝上容量不同的水，用勺子一個個地敲打瓶子，從聲音最低沉到最尖銳進行排序，形成音階。

說到音樂啟蒙，我不得不提一下德國。德國誕生了很多世界級的音樂家，包括巴哈、貝多芬、舒曼、史特勞斯等，而且德國民眾普遍具有較高的音樂素養。在德國幼兒園的音樂課上，孩子們可以感受高品質的現場音樂，跟隨音樂自由地律動、舞蹈，用多種多樣的樂器伴奏。不論多小的孩子，不論參與不參與，他們都會自發地沉浸其中，表現出超乎尋常的自律和投入。

德國著名的音樂教育家卡爾・奧福（Carl Orff）曾說：「正如要有自然界中的腐殖質，才有可能使萬物生長一樣，要靠原本的音樂，才能發揮出兒童身上的力量。」

音感鐘

嗅覺和味覺・味道

人的嗅覺和味覺可以辨識上萬種味道。我們要想引起孩子對味道的注意，激發他嗅覺和味覺的潛能，就帶著孩子一起精細地辨別這些味道吧。

嗅覺方面，我們可以先讓孩子辨別三種對比最鮮明的味道，比如胡椒、薰衣草、酒精。之後再準備更相近的味道，比如選擇幾種廚房裡常見的香料，像是桂皮、胡椒、八角、丁香等，讓孩子對比、辨別。

味覺分為甜、鹹、苦、酸，近年來，科學家又發現了鮮。剛開始，可以先讓孩子分別品嘗甜、鹹、苦、酸這四種對比最鮮明的味道。比如，讓孩子舔舔檸檬，問他：「酸不酸？」吃口洋芋片，問他：「鹹不鹹？」然後蒙上眼罩，讓孩子一一品嘗，說出嘗到

嗅覺瓶

的味道。

再進一步，我們就可以帶著孩子一起辨別更精細的味道了。同一種食材，比如不同品種的蘋果，我們可以跟孩子一起品嘗，然後說出它們的區別，並對它們命名，比如紅富士、國光、黃香蕉等。

嗅覺是一種遠感，味覺是一種近感，兩者互通，整合作用。法國人擁有細膩的嗅覺和味覺，這便是為什麼法國的美食、香水、紅酒等能夠世界聞名的原因。法國人有培養精細嗅覺和味覺的傳統，法國人用來訓練嗅覺的「酒鼻子」就像蒙氏教具中的高階嗅覺瓶。

法國人鼓勵孩子從小體驗和品評豐富多樣的味道，還經常用複雜的詞彙來描述味道的層次。也正因如此，法國孩子較少會挑食，也對味道有更高的品味。

在法國的幼兒園，每週都有「goûter」（嘗一嘗）的活動，學校或者家長會提供自己擅長的菜肴或者甜點來供孩子們品嘗。每年到了豐收的季節，學校都會安排孩子們採摘，然後對採摘回來的果實做味覺分類。

✽透過本章內容掌握了方法，我們便可以利用身邊現有的資源，帶孩子進入豐富細膩的感官世界了。

蒙氏爸媽三級通關

初級：在家裡、大自然中以及城市的各個角落，我們可以隨處留心色彩、空間、形狀、觸感、聲音、味道等這些感官要素，隨時隨地引起孩子的特別注意。比如做飯的時候用到桂皮，就順手讓孩子聞一聞；和孩子一起仔細品嘗餃子裡包了什麼餡；林間散步時和孩子一起駐足傾聽不同的鳥叫聲；多和孩子一起搭建積木，識別不同的積木形狀……。

中級：對每一種感官類別進行更精細的分辨，並引導孩子做配對和排序的遊戲。比如拿著一塊紅色積木，在家裡找到一些其他的紅色物品，然後將這些紅色物品從深到淺排列出來；讓孩子摸一摸燈芯絨的質地，然後讓他在衣櫃中找出燈芯絨材質的衣物；選擇變化規律、蘊含數學之美的專業積木讓孩子自由搭建；用平面形狀設計豐富多彩的創意造型……。

高級：給予感官體驗精確的命名，之後還可以用作孩子書寫和識字的素材。比如讓孩子聞味道，然後告訴他這是薰衣草香、這是酒精味等；如果孩子已經開始寫字了，就可以為這些味道做識字標籤；借助專業設計的蒙氏教玩具為孩子進行感官幾何啟蒙。

更多「在家蒙特梭利」感官探索方案分享，請見：

第4章

語言表達

如果有人問我，家庭教育有沒有祕訣，我會告訴他：當然有，那就是跟孩子聊天。

二〇一九年，麻省理工學院透過對波士頓地區三十多名4～6歲孩子的家庭進行跟蹤調查，發現孩子與父母平時對話頻率越高，他們大腦中負責語言的區域就越活躍。因此，和孩子展開有意義的對話，對孩子的語言、認知、社交等方面的發展都有很大幫助。這是科學界為數不多關於育兒的實證性研究結果，也是我一直以來努力向在家實踐蒙特梭利教育的家庭推廣的「祕訣」。

蒙氏爸媽日記

這兩天女兒生病了，但是她吃了兩次藥後堅決不再吃了。

今天她上完廁所，我戴上手套準備幫她擦屁股。

女兒好奇地問：「為什麼戴手套？」

我說：「你現在生病了，大便裡也有病菌。」

說到這裡，我突然來了靈感，計畫在擦屁股前跟她講一個關於病菌的故事。

「現在你的身體裡有很多病菌，醫生開了藥來消滅這些病菌。你看哦，現在假裝我就是病菌，剛開始呢，我很活躍（手舞足蹈狀）。吃了兩次藥之後，我就變成這樣了（懶洋洋狀）。再吃藥，我就成這樣了（奄奄一息狀）。可是如果你現在停止吃藥呢，我就又成這樣了（手舞足蹈狀）。」

女兒說：「媽媽，嚇死我了，我的心怦怦跳。」

我坐下來一邊撫摸她的後背，一邊說：「我會保護你的，讓你吃藥就是幫你消滅這些病菌。」

女兒表現出思考狀，忘記吵著要擦屁股的事情了。

我繼續說：「這次的病菌非常厲害，醫生都給你開抗生素了。」

女兒問：「媽媽，什麼是抗生素？」

我說：「就是消滅最強病菌的藥。這種藥我們一般不用，只有病菌實在太強大的時候才用。」

女兒繼續追問：「為什麼一般不用？」

我繼續回答：「因為身體裡的細菌既有壞的，也有好的，抗生素會把好的細菌和壞的細菌都消滅掉。」

女兒又問：「媽媽，什麼是好的細菌？」

4 語言表達

我回答：「就是在你腸胃裡幫助消化的細菌，優酪乳裡就有很多。不用擔心，到時候我們多喝些優酪乳就又能有好的細菌了。」

講到這裡，女兒突然撅起屁股讓我擦，我知道她想通了。

晚上吃完飯，女兒閉著眼睛痛痛快快地吃完了所有的藥。

只要用孩子容易理解的方式，真誠地和孩子溝通，孩子就會變得越來越通情達理。

很多父母覺得和這麼點大的孩子沒什麼好聊的，還有的父母說根本沒有這樣的耐心和孩子聊天。

其實產生這些問題，最根本的原因就是成年人沒有認識到，孩子也是一個有尊嚴、有思想的獨立個體，而且還是個超級有潛能的學習者，他們無時無刻不在吸收和創造。

最有效的教育不是發生在你預備好的場景中，比如帶著孩子去參加演講班、口才班，這些都不如你在路上，牽著他的手，慢慢地和他聊一聊更有意義。

「瞧，這片葉子上有個洞。」

「你看看，天上的雲是不是在動？」

「媽媽，那個人為什麼要給自行車上鎖啊？」

「爸爸，為什麼有這麼多不同顏色的垃圾筒？」

……

不管對話由誰發起，每一個開場白都能引起連鎖的思考和提問。經常這麼跟孩子聊天的話，你很快會發現自己的孩子妙語連珠，我們平時跟孩子隨意提及的一些小細節，他很快就能靈活地再創造，應用在自己的語言系統中。而且在這樣的有效溝通中，父母的世界觀、價值觀等都會潛移默化地影響到孩子的未來人生。

和孩子聊天效果如此顯著，可是如今很多孩子都在把越來越多的時間花在電子產品上，人機對話的時間甚至超過了與真人互動的時間。要知道，6歲前孩子的大腦是極其容易被環境塑造的，孩子的童年時間如此珍貴，尤其對於3歲之後上了幼兒園的小朋友來說，在家的時間十分有限。在這麼有限的時間中，如果陪伴孩子的是電子產品，就會讓孩子的視覺環境發生極大的變化。大量的動畫環境降低了孩子與真實世界互動的機會，抑制了他們大腦中視覺皮層識別語言符號的能力，也給未來的閱讀、書寫埋下了不小的隱憂。因此建議父母一定要控制好孩子與電子螢幕接觸的時間，多利用碎片時間和孩子認真聊天。除此之外，還要堅持每天與孩子一起親子閱讀。

親子閱讀，算是門檻最低的家庭教育方式。不過，為3～6歲孩子選擇的童書要更有側重性。隨著他們的認知進步，文字篇幅應該越來越長，書的種類也要越來越豐富，比如展現兒童日常生活場景的繪本、科普繪本、藝術想像力繪本等。3歲以後，孩子基本已經能夠分清想像與現實，渴望更加深入地瞭解周圍世界，所以童書的選擇範圍要比3歲前廣泛許多。5歲以後，孩子的抽象思維、邏輯思維快速發展，在這時，又可以逐漸增加歷史故事、神話傳說、名人傳記等童書類型。

童書除了要品類多樣外，還要留心孩子對哪幾本書情有獨鍾，可以將其留在孩子觸手可及的地方，以便隨時反覆閱讀。這些爛熟於心的繪本可能會是孩子進入自主閱讀階段的首選書目。

和孩子聊天以及親子閱讀的重要性，也許已經成為很多現代家庭的共識，但是學齡前的孩子是否可以認字，早期閱讀是否有益，目前還是備受爭議的話題。

腦科學領域的權威專家史坦尼斯勒斯．狄漢（Stanislas Dehaene）在《大腦與閱讀》（*Reading in the Brain*）中寫道：「幼兒階段的孩子屬於圖像閱讀階段。2歲時，孩子就可以識別物體的不同簡化版本，能夠從圖像中提出相撞的抽象本質元素。」擁有象形、會意等特點的漢字，對孩子來說便是一種比較抽象的圖像，這就是為什麼身邊有那麼多孩子不到3歲就自發對漢字感興趣的原因。

蒙氏爸媽日記

綿羊快要3歲的時候，看到什麼字都要問我：「這是什麼？」我向她說出一個字的讀音和意思之後，她還會追問：「是不是那個什麼……。」於是我又繼續向她解釋是或者否。無論是在家裡看繪本，還是坐地鐵時看到廣告，或者在路邊看見路牌，任何地方的任何文字她都感興趣。

我知道綿羊是真的對文字感興趣了，於是抓緊時間給她製作了一些識字小卡片。我寫了一些常見物品的名字，比如「樂高桌」、「滑步車」、「書房」等，然後用比較大的字列印出來，再剪成一張一張的卡片。

綿羊非常喜歡這套粗糙的小卡片，專門用一個盒子把它們裝起來，幾乎每天都要讓我帶她看，現在已經能認出其中的許多字了。

——綿羊爸爸

在生活中識字要比在學校識字輕鬆容易多了，「火車站」、「洗手間」、「請勿打擾」、「小心樓梯」……，這些指示牌可能就能讓孩子在不經意間記憶大量漢字。如果孩子一直對識字保持著濃厚的興趣，並且家長也給予了足夠支持的話，那他到4歲多就有可能積累幾百甚至上千個漢字了。

蒙特梭利博士透過長期觀察兒童發現，孩子的書寫敏感期出現在3歲半到4歲半之間，早於閱讀敏感期到來。簡單來說，就是孩子是先對「寫」這件事感興趣，之後才對「讀」這件事感興趣的。所以我們在孩子的書寫敏感期到來時，要透過書寫，讓孩子在動作中記憶漢字。當然，大部分漢字對於這個階段的孩子來說還太難，我們要透過書寫前階段的一些練習，比如描摹筆畫和簡單漢字，來幫助孩子積累識字量。儘管孩子目前可能還沒有能力像大人一樣用筆寫出複雜的漢字，但是他可以透過磨砂筆畫和磨砂漢字，在書寫敏感期及時體驗到書寫的快樂和滿足。

蒙特梭利博士曾寫道：「書寫是一個機械的過程，而閱讀是頭腦的邏輯過程。」因為先前有了大量的漢字積累，所以從4歲半開始，當孩子大腦的邏輯思維能力漸趨成熟時，他才有可能進入自主閱讀階段。

狄漢認為，到了5歲以後，就要盡量讓孩子看一些文字更多、圖像更少的童書，以此來刺激孩子漸趨成熟的閱讀腦區，以及臨近的創造性思維腦區了。識別圖像對孩子來說太輕鬆了，如果一直看繪本，孩子自然會一直將注意力集中在圖片上。所以從腦科學的角度來說，早期自主閱讀是很有意義的。

中文閱讀入門更容易，但是真正想讓孩子達到自主閱讀，卻要比西方孩子付出更長久的努力。孩子需要在小學花幾年的時間識字、寫字，學習效率低下。如果在上小學之前，父母有精力在孩子的語言敏感期時為他提供環境支持的話，很多孩子就有可能自然而然地開始自主閱讀，這便達到了事半功倍的效果。

瞭解了這麼多早期自主閱讀的好處，但必須強調的是，我們只能用非常生動有趣的方式來啟動孩子對識字的興趣和自信，如果孩子在識字過程中不主動、不積極，我們就必須暫時放棄，繼續等待。因為，如果不是單純從興趣出發，孩子就會迅速識破你功利的動機，你便再難引起孩子的注意力和專注力了。如果強迫孩子識字的話，那只能引起他對漢字的厭惡，這更無異於殺雞取卵。

孩子能認識多少字，閱讀能達到什麼水準，這並不重要。我們要反覆提醒自己的是：讓孩子識字、閱讀的初衷，是發現和激發孩子的興趣，及時給予他充分的環境支援，滿足他的求知欲，為他埋下渴望閱讀的火種。我們希望孩子在閱讀之中品嘗到的都是甘甜，只有這樣，他才能成為快樂的終身閱讀者。

聽和說

0～3歲，孩子的心智像海綿一樣吸收了環境中所有的語言，3歲後，他們便開始大量地輸出。這個階段，孩子尤其喜歡新鮮的，甚至是專業、深奧的詞彙，比如「西瓜紅」就比「紅色」更能引起他們的注意。

《蒙特梭利的生平和貢獻》（*Maria Montessori: Her Life and Work*）一書的作者斯坦丁（E. M. Standing）曾寫道：「孩子模仿語言，卻不知其所以然。字詞進到孩子腦內，猶如被磁鐵拉扯，秩序自行形成。」

除了應用的詞彙可以不受限外，聊天的內容上也不要低估孩子的潛能。我們要認真對待孩子的每次提問，多和孩子展開大量有意義的對話。在科學文化那一章，我們摘錄了很多家長和孩子的對話實錄，可供參考。

和孩子一起走在路上無聊的時候，還可以跟他玩造詞遊戲。比如說一個「拍」字，然後你和孩子一人一個接力造詞，像是拍球、拍打、球拍……，也可以臨場發揮，給孩子講故事，講爸爸媽媽小時候的故事、繪本中的故事等，這樣可以鍛鍊孩子的聯想和想像能力。

很多家庭給孩子進行國學啟蒙，期待孩子對古詩詞熟讀成誦。這種期待往往會給孩子帶來壓力。只有當孩子發現他深愛的人自己就為詩詞陶醉，才會主動去感受韻律、吸收韻律，甚至創造韻律。大量資料顯示，在押韻類語音遊戲中表現越是流利的學齡前孩子，學起閱讀來就越快。

3～6歲還是各種想法大爆發的階段，孩子想將自己腦海中層出不窮、天馬行空的想法用語言表達出來。我們則需要給予孩子足夠的耐心和機會，用心傾聽，引導並支持他表達自己。

心理學家菲利普．金巴多（Philip G. Zimbardo）在《不再害羞》（*Shyness*）中講述了這樣一個故事：一個孩子在4歲多的時候，有一次想告訴媽媽一件事，但是支支吾吾五分鐘都沒能讓媽媽明白，隨後媽媽大笑一聲不了了之。就這麼一個童年經歷，從此讓他變成了一個羞於表達的人。

當孩子磕磕絆絆地表達時，我們一定要專注地用眼神鼓勵他，在恰當的地方用「嗯」、「哦」等語言簡單地回應，千萬不要打斷。尤其是當孩子有結巴的跡象時，更要用盡你最大的耐心，等待孩子說完每一個字，不可以糾正和評論。

當孩子的表達能力大大提高後，還可以跟他一起表演話劇，或者借用小玩偶來表演木偶劇。不需要排練，定好角色後，就直接開始演。對於害羞的孩子來說，這種家庭內部的練習很有意義，可以幫助孩子小範圍地練習公眾表達，展現自己。

我們鼓勵孩子積極表達，但是對於說話停不下來的孩子，我們還要提醒他不能打斷別人說話，耐心等待別人說完再表達自己的觀點。在蒙特梭利教室，孩子如果需要老師幫助，而老師正在為另一位小朋友工作的話，孩子就需要將手輕輕放在老師的肩膀上，老師會在結束了一邊的工作後，再來回應這個孩子的請求。

解音遊戲

在法國，很多在家中實踐蒙特梭利教育的爸爸媽媽都會很早開始和孩子玩解音遊戲，比如問孩子：「用我的小耳朵聽一聽，『rhinocéros』（犀牛）的第一個音是什麼啊？」孩子可能會找到「r」這個字母的音。之後還可以和孩子玩：「用我的小眼睛找一找，家裡的什麼東西是以『r』開頭的呢？」

劍橋大學教授、神經教育學專家烏沙．戈斯瓦米（Usha Goswam）在《受教育的腦》（*The Educated Brain*）中一篇文章裡寫道：「語音意識和讀寫習得之間有因果聯繫。有的兒童在心理詞典中能夠對單詞進行高度精確的語音表徵，他們將成為優秀的閱讀者。」

解音遊戲

參照我在法國工作時和孩子做的法語解音練習，女兒不到3歲時，我就開始跟她玩中文拼音的解音遊戲了。

玩中文拼音解音遊戲的主要目的不是讓孩子掌握拼音，而是為了幫助孩子透過解音練習，逐漸做到發音準確、字正腔圓。只有當孩子能夠清楚地發音，說出來的話能夠讓別人聽明白時，他才會擁有表達自信。

拋磚引玉

女兒隨便說一個詞，比如「媽媽」。

我就分解這個音：「ㄇ（m）－ㄚ（a）－ㄇㄚ（ma），ㄇ（m）－ㄚ（a）－・ㄇㄚ（ma），ㄇㄚ・ㄇㄚ（mama），第一個音是『ㄇ（m）』。」

接下來我就和孩子一起到房間裡找以「ㄇ（m）」開頭的物品。

學習中文拼音，讓孩子在某種程度上成了雙語者，更確切地說是「雙符號使用者」，對於同一種口語語言，孩子擁有了兩種不同的視覺入口。另外，數位時代離不開中文拼音，無論是傳統課堂還是未來課堂，都離不開拼音教學，所以在早期，時不時地跟孩子玩一玩中文拼音解音遊戲，就能幫助孩子對中文拼音更加敏感，減少未來學習拼音的困難。

遊戲識字

當孩子自發地對漢字產生了興趣，便可以在家中為他準備一個豐富的漢字環境，讓他浸潤在漢字的世界裡。

家庭中文啟蒙，不需要給孩子介紹語法知識，但是為了便於實踐，不同詞性的識字遊戲各有不同，這裡以名詞、動詞、形容詞為例。

名詞

識字啟蒙這件事，我們可以先從最多、最常見的名詞開始。在為孩子布置蒙氏家庭環境的時候，可以在很多物品的相應位置貼上標籤，比如在清潔工具旁邊黏貼「掃把」、「畚箕」等字卡。這樣一來，孩子在不知不覺中就可以認識這些字。

我們還可以設計名詞與模型或者圖片配對的遊戲。需要注意的是，不能將所有物品全部呈現在孩子面前，所以平時可以結合孩子的興趣，多收集一些玩具小模型，像是樂高玩偶，還可以收集一些小圖片，用來識字效果會很好。因為大部分孩子都喜歡動物，所以農場模型可能是非常理想的識字啟蒙道具。

農場模型

拋磚引玉

有一天我神祕兮兮地跟孩子說：「今天有個祕密任務。」接著遞給她一張寫著「馬」的字卡，同時念「馬」，然後指著一旁的農場模型跟她說：「請給我『馬』。」

女兒將馬的模型拿來，我將字卡放在模型前面。

當孩子積累了三個生字後，便可以透過各種有趣的方式展開三段式遊戲的第二段。可以跟她說：「請給我馬的模型。」或者閉上眼睛說：「請將『馬』的字卡放在我手上。」、「請將『狗』的字卡放在我頭上。」

完成了蒙氏三段式的第二段，就可以讓孩子獨立將字卡和模型配對了。

一開始讓孩子認識的字，要更從興趣和環境出發，而不是從常規的簡單漢字開始。當孩子進入到書寫敏感期後，自然會在書寫動作中記憶那些筆畫簡單的漢字。

動詞

等孩子積累了一定量的名詞漢字後，我們就可以帶他認識最直觀的動詞了。動詞可以透過做動作直接表現出來，不僅生動形象，還能鍛鍊孩子的肢體表達能力。

拋磚引玉

我向女兒展示了一張字卡，然後做出相應的動作，讓女兒猜是什麼。比如「跳」，我就原地跳幾下。

女兒說：「跳！」

我說：「對，這個字就是『跳』。」

然後我用同樣的方法，帶她認識了其他一些動詞漢字，比如「走」和「唱」。

當孩子積累了幾個動詞之後，我們就可以用三段式遊戲來幫他鞏固。比如讓孩子抽選一張字卡，做出相應的動作，然後我們來猜。

形容詞

當孩子積累了一定量的名詞漢字後，再逐步跟他介紹形容詞，帶孩子認識形容詞的時候要從易到難，逐步遞進。

我們還可以結合感官活動帶孩子認識形容詞。比如用三段式遊戲的方法介紹「粗糙」和「光滑」這兩個詞，可以將家裡一些觸感粗糙和光滑的小物件收集起來，讓孩子將這些小物件分成「粗糙」和「光滑」兩類。分類結束後，再介紹「粗糙」和「光滑」的字卡，讓孩子將字卡放在對應的位置上。

當孩子的興趣被激發時，就可以和他重複玩這個遊戲，可以打亂順序讓孩子重新分類，如果想增加難度，也可以讓孩子蒙上眼睛來分類，最後將字卡放在對應的位置上。

拋磚引玉

我交給女兒一張祕密任務卡，上面寫著「筆」。

女兒之前已經認識「筆」這個字了，便拿來了筆。

但我說：「謝謝你，這不是我要的筆。」

然後我又給了她一張字卡，上面寫著「紅」，我一邊念出：「紅」，一邊把它放在了筆的前面。

於是女兒又跑去拿來了紅筆。

後來我用同樣的方法帶她認識了「白」和「藍」，再用三段式的方法來複習熟記。

認識「粗糙」和「光滑」

我們還可以借助孩子小時候熟識的繪本，在帶著孩子重讀的過程中，有意引起他對其中形容詞的注意。比如經典繪本《好餓的毛毛蟲》中有小小的蛋、暖和的太陽、漂亮的蝴蝶等，我們就可以將這些形容詞和對應的名詞字卡準備好，和孩子一起來一一配對，最後再透過繪本核對是否正確。

字卡

中文中除了名詞、動詞、形容詞，還有代名詞、副詞、數詞、量詞、介詞、連接詞等，都可以用類似的遊戲思路幫助孩子認識更多詞性的漢字。這裡的幾個例子只是拋磚引玉。

如果孩子處於識字敏感期，那他會很容易發現環境中出現的學過的字詞，認出來後會非常自豪，並激發出更強烈的識字興趣和自信。

隨著孩子認識的字越來越多，我們可以為孩子認識的所有字卡和詞卡收納在一個盒子裡。當孩子無所事事的時候，我們就可以為他提供選擇：「你是想畫畫，還是拼圖，還是玩字卡遊戲呢？」如果孩子選擇了字卡遊戲，我們便可以根據孩子平日的興趣自由發揮，創造出各種識字遊戲，比如我經常和女兒玩「字卡店買賣」的遊戲，而我們網路社群裡的生生媽媽和兒子玩的是「字卡大街的新鮮事」，在這裡介紹給大家。

拋磚引玉

- 遊戲名稱：字卡大街的新鮮事。
- 工具：要複習熟記的漢字字卡，多輛玩具翻斗車，一個白盒子。
- 玩法：生生媽媽說一個字或者詞，生生找到字卡，然後放入自己選擇的翻斗車裡。有時候也會讓生生自己選擇字卡或者詞卡，那就要先說出是什麼字。最後把車開到收集站，把字卡都倒入白盒子裡。

翻斗車可以用來清潔馬路，可以用來運輸建材，還可以自由發揮一下，想些別的事情做，以此為理由，收集字卡。每天還可以變換交通場景，靈活加入交通規則、導航、加油站等，讓遊戲變得更豐富。

生生媽媽說，連續三天晚上，在她累趴了想早點躺下時，生生就跟她說：「媽媽，我們還要玩字卡大街的遊戲呢！」

漸進閱讀

當孩子積累了一定的識字量，並且保持著識字興趣，便可以為他準備一個移動漢字盒。

這個移動漢字盒有20～30個小分格，可以分類收納上百個常用的、孩子熟悉的漢字。每個家庭都可以自主設計自己家孩子的個性化移動漢字盒。

表4-1就是我們家的移動漢字盒設計表，可以給大家做個參考。

最左邊的一列是動詞，分為一般動詞（比如走、唱、看）、判斷動詞（是），以及表示存在的動詞（有）、趨向動詞（比如來、去）、能願動詞（比如能、可以），還有心理動詞（比如愛、想）。

第二和第三列都是名詞，分別為表示人（比如爸爸）、動物（比如豬）、食物（比如西瓜）、自然（比如風）、傢俱（比如床）、身體部位（比如鼻子）、地點（比如幼兒園）、時間（比如明天）等名詞。

表4-1　家裡的移動漢字盒設計表

動詞	名詞		形容詞、數詞、量詞	介詞、副詞、助詞
一般動作	人	身體部位	顏色	在
是、有	人稱代詞	地點	心情	的
去、來、進、出	動物	時間	一般形容詞	了
能、可以	自然	食物	數詞	不
愛、討厭、想	傢俱		量詞	沒

第四列是形容詞、數詞和量詞。形容詞中包括表示顏色（比如紅色）、心情（比如開心），以及一般常用的形容詞（比如大、長、熱）等。

最後一列是常用的介詞、副詞、助詞等。

準備漢字盒時，我們可根據詞性分類，但是不需要告訴孩子相關的語法知識，只是給他一個詞性分類的感性積累，也是為了便於我們收納和快速尋找。

那移動漢字盒怎麼玩呢？就是給孩子提供有限的字詞，讓他們自由造句。

拋磚引玉

先擺出三個動詞，比如「吃」、「玩」、「聽」，讓孩子從中選擇一個。假設孩子選擇了「吃」。

將三個人稱代詞或者表示人、動物的名詞擺出來，比如「媽媽」、「奶奶」、「狗」，然後問孩子：「誰吃呢？」再讓孩子從中選擇一個。假設孩子選擇了「媽媽」。

接著將幾個食物名詞擺出來，比如「飯」、「牛奶」、「水果」，問：「只有這三種，媽媽吃什麼？」再讓孩子從中選擇一個。假設孩子選擇了「飯」。

最後將這個句子以及備選項陳列在桌子上，孩子會在不經意間不斷複習，並且組合出新的句子。

注意每次只給孩子三個選項，看孩子是否能認出來，如果孩子不認識，就先用三段式遊戲來引導他認識這三個字詞。

通過組合短句，孩子的識字量和閱讀能力會大大提高，之後，我們可以嘗試讓他組合長句，比如「他在看一隻黑色的狗」。

這個移動漢字盒不是萬能的，它遠遠不能涵蓋所有句子，我們使用它的目的是幫助孩子打開閱讀之門。透過移動漢字盒的初步積累，我們就可以為孩子自製一本個性化的小書了。每頁一句話，字和圖分別在不同頁面上，還可以邀請孩子來畫配圖。

透過這本自製的個性化小書，孩子便擁有了自主閱讀的自信。這時再逐漸為孩子精挑細選一些優美、有趣的分級閱讀小書，孩子很快就能獨立在書海中遨遊。

個性化小書

自由造句遊戲

運筆書寫

掌握書寫對孩子來說並不是一件很容易的事，尤其是中文書寫，更需要大腦和手的長期準備。蒙特梭利博士曾寫道：

為了幫助孩子學習書寫，我們必須首先分析書寫所需的各種動作，並且必須努力以獨立於實際寫作的方式分別開發這些動作。這樣，我們將有可能在所有不同年齡的孩子身上去合作建立這一困難而複雜的機制。

書寫這項活動，需要孩子的精細動作能力發展到一定程度後才能謹慎開始。只有當孩子的手有了足夠的力量和控制能力，他在提起筆之後才不會感到過於挫敗。所以在《教會孩子照顧自己》中，我們就提倡多給孩子動手的機會，比如自理、家務和一些手眼協調的遊戲。這些活動看似與書寫沾不上邊，其實都是在為書寫做精準的預備。

比如擦桌子，我們在示範的時候就要注意從左到右、從上到下，讓孩子在不知不覺中習得書寫順序。擦桌子的動作，也包含了很多筆畫的生成。

再比如視力追蹤球，不僅鍛鍊了孩子的眼睛追蹤能力，同時他們的視線會高頻率穿越物體中線，左右腦協調能力也會大大提高，從而幫助孩子克服鏡像書寫的障礙。

在孩子拿起鉛筆塗鴉的時候，可以時常不經意地為他示範正確的握筆方法，注意每個手指、手腕、胳膊的位置和動作，以及坐姿。

當孩子出現了不正確的握筆方式時，我們只需要在一旁用正確的方式跟他一起握筆書寫或畫畫，引起關注即可，但是不要手把手地糾正。

當孩子出現明顯的左撇子傾向時，請順其自然，強行糾正容易引發很多身心發展障礙。左撇子書寫漢字可能會面臨更大的困難，需要更多有針對性的練習。

在孩子3歲半左右時，我們很可能會捕捉到孩子塗鴉的時刻，當孩子逐漸開始歪歪扭扭地畫出類似字母、筆畫、數字的圖案時，便預示著他進入了書寫敏感期。

蒙氏爸媽日記

格格自己在房間裡玩著，突然傳來著急的呼喊：「媽媽！媽媽！你快來！」

「怎麼了？」回應的同時，我朝她房間走去。

「快來看，我會寫『2』和『3』啦！」語氣裡帶著滿滿的成就感，走近一看，果真如此。

看我過來了，格格當下就要寫給我看，也許是因為我看到了她寫的過程，跟她共同經歷了這一刻，每寫一個『2』或『3』，她都高興得哈哈大笑，聲音裡聽得出滿滿的自豪感。我們從來沒有教過她書寫，她自己就琢磨、領悟出來，可能格格也是因此感到成就感十足吧。

——格格媽媽

進入了書寫敏感期，就可以為孩子提供難度遞增的運筆練習了。漢字書寫相對來說還是有一定難度的，因此在書寫漢字之前，要盡量讓孩子多做一些運筆練習。

在法國幼兒園，孩子從3歲多開始就會做大量有趣的運筆練習，為流暢的法語連寫做準備。這些練習能夠幫助孩子控制運筆，我經常對孩子說：「這支筆就像一匹馬，你就是騎馬的人，看看你的手能不能控制得了這匹馬，讓它去哪裡就去哪裡。」

蒙特梭利教室裡常用蒙氏金屬嵌板來讓孩子做運筆練習。我們在家中還可以借用其他道具，比如在紙卡上繪製出各種

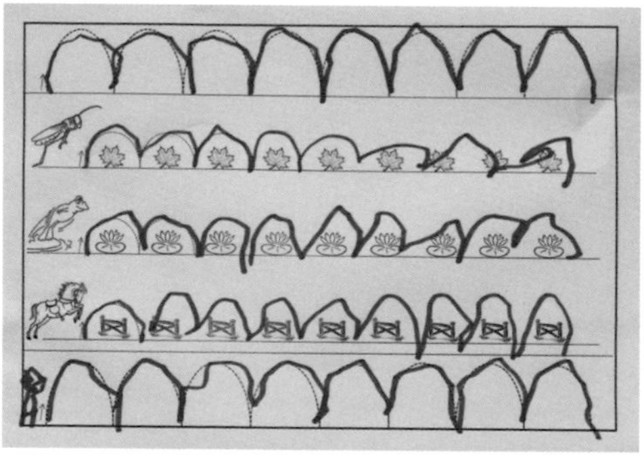

運筆練習

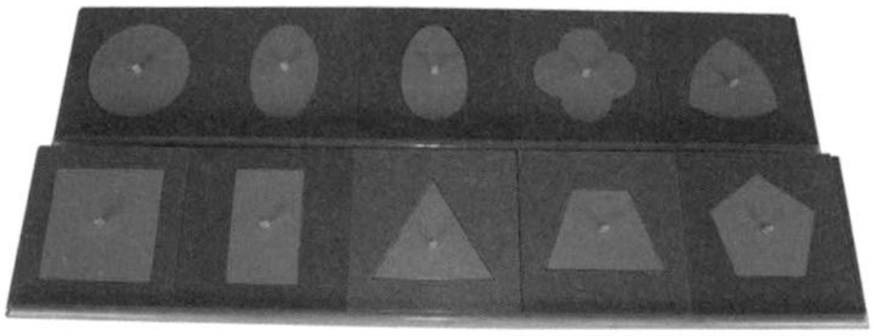

蒙氏金屬嵌板

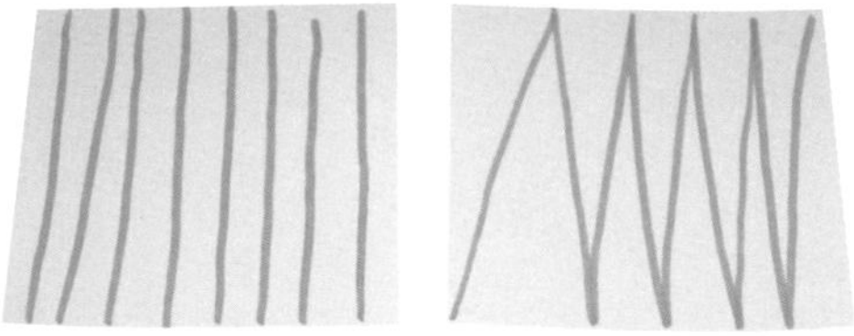

有限範圍內的運筆練習

形狀，然後讓孩子用鉛筆在形狀的內部練習書寫橫線、直線、「之」字形、波浪線等。這項練習可以讓孩子在練習漢字基本運筆的同時，還能獲得一些在有限範圍內書寫的經驗。

描摹筆畫便是書寫漢字前最好的準備工作。當孩子進入書寫敏感期後，我們便可以用正確方法描寫筆畫，為他做示範。磨砂筆畫透過視覺、觸覺、聽覺等多種感官的結合來幫助孩子認識和書寫筆畫。下圖是女兒在我的協助下自製的磨砂筆畫。

在練習過磨砂筆畫之後，可以帶著孩子逐漸過渡到在沙盤上書寫筆畫、在黑板上書寫筆畫，最後才是在白紙上書寫筆畫。

在掌握了每個筆畫的書寫方式後，就可以讓孩子逐漸開始描摹簡單的磨砂漢字了。

等孩子能夠按照筆順熟練地描摹磨砂漢字後，同樣也是從沙盤、黑板、最後白紙的順序逐步讓孩子練習書寫。孩子剛開始在白紙上練習時，可以自由書寫，寫得很大或很小都可以。當孩子能很好地

在沙盤上書寫

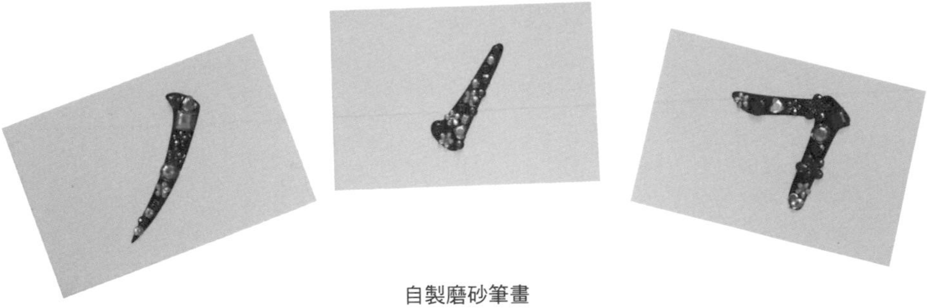
自製磨砂筆畫

控制大小後，再提供田字格給他書寫。這時也可以引導孩子將這一技能應用在生活中，比如製作賀卡、寫信、準備購物清單等。孩子會感到非常興奮和自豪的。

蒙氏爸媽日記

這兩天女兒迷上了做聖誕賀卡，做了一張又一張，書寫能力突飛猛進。

每張賀卡我都用鉛筆輕輕描寫了她的中文名字和「節日快樂」四個字，讓她來將這些字描寫清楚。

剛開始女兒非要隨心所欲地描寫，我笑著說：「你可以先吃橘子，再剝橘子皮嗎？」

女兒笑著搖搖頭說：「當然不能啦。」

我繼續說：「寫字也是這樣，也是有順序的啊。」

女兒思考片刻，覺得似乎有些道理，就開始按照我的指令去寫了。

我念著筆畫順序：「橫、豎、豎、橫折鉤、豎。」

女兒就寫完了「節日快樂」的「節」字。

寫了幾張賀卡後，不需要我的筆順指令，她自己就能很輕鬆地寫出「節日快樂」四個字了。

接下來這幾天，我們就要開始用這個方法給出差在外的爸爸寫信了。

英語讀寫

在《教會孩子照顧自己》中，我們分享了自己身為華人父母，如何在家中為孩子進行中英雙語啟蒙的經驗。到了3～6歲這個階段，對於母語不是英語的孩子來說，英語口語還是主要的發展重點。盡量為孩子提供沉浸式的純英語環境，由同一個人高頻率地提供輸入，只有當孩子的英語聽說水準都達到了母語為英語的孩子3歲左右的水準時，才建議開始進行英語讀寫啟蒙。

英語讀寫的啟蒙，最基礎也是最重要的就是解音環節。如果遇到拼寫方式規則的簡單單詞，比如cat，裡面包含三個音素：/k/，/æ/，/t/，那麼在為孩子示範念出這個單詞的時候，可以故意將第一個音素拉長，問孩子聽到這個單詞的第一個音是什麼，當孩子找到/k/這個音後，再和孩子一起尋找以/k/的發音開頭的更多的單詞，比如cake、king等。

如果孩子能順利分辨單詞中的第一個音素，就可以讓他試著尋找單詞的最後一個音素，最後才是找出單詞中間的音素，比如問孩子：「cat中有沒有/æ/這個音？」

家長可以一直跟孩子反覆地做這個解音遊戲，這是英語聽說以及未來讀寫的基礎。需要注意的是，經常和孩子做中文拼音解音遊戲的家長最好就不要再跟孩子做英語的解音遊戲了，不然容易混淆。

當孩子開始對書寫感興趣，就可以跟他介紹磨砂字母了。先用兩指

磨砂字母

描寫字母，然後發音，要跟解音遊戲中的發音一樣，念出來的不是字母的發音，而是單詞中的一個個音素。比如「c」這個字母，得念成/k/音。

等孩子認識了幾個磨砂字母之後，尤其是當他能在解音遊戲中很輕鬆地找到首音、尾音以及中間的音素之後，就可以透過移動字母表來跟他一起玩拼讀遊戲了。

移動字母表拼讀遊戲

拋磚引玉

找到孩子認識的幾個字母，從盒子當中拿出來。我們還以cat為例。

我清晰地說：「/k/-/æ/-/t/。」然後問孩子：「第一個音是什麼？」

孩子回答「/k/」，然後找到「c」這個字母。

我再清晰地說：「/k/-/æ/-/t/。」然後問孩子：「/k/後面是什麼音？」

孩子回答「/æ/」，然後找到對應的字母「a」，放在「c」的後面。

用同樣的方法讓孩子找到最後一個音「/t/」，將「t」這個字母放在最後。

最後再將這幾個字母連接起來，就是cat這個單詞。

孩子在自主拼寫時，即使出錯了我們也不需要糾正。當孩子可以拼出越來越多的單詞時，他就可以拼寫簡單的短語或者句子了，比如「a cat on the mat」。

我們還可以根據孩子的能力，一個一個地在紙上寫出單詞的字母，讓孩子跟著一個一個地發出音，然後連在一起讀出這個單詞，這將會是孩子第一次體驗自主閱讀的喜悅時刻。

英語當中還有很多表音符號（phonogram），我們可以透過移動字母表逐步向孩子介紹這些表音符號，比如「s」和「h」可以組合成「sh」。等孩子掌握了這些表音符號，就可以讀出很多英語單詞了，5歲左右，孩子就具備了閱讀句子的能力，再積累一些常見的特殊讀法單詞，很快就能自主閱讀初級英語讀物了。

但是我們千萬不能操之過急。只有在孩子的中文基礎紮實，家長有餘力，同時孩子有興趣的情況下，才可以考慮為孩子進行英語啟蒙。一定要記得，母語是孩子認知發展的基礎，不能因為錦上添花的外語，而大大減少精深學習母語的機會，那真是得不償失。

✽本章中的英語啟蒙方法是由蒙特梭利博士當年設計的西語教學法而來。中國的蒙特梭利老師也探索出了很多種漢語教學法，然而，在和眾多在家實踐蒙氏教育的家庭線上共同探索的過程中，我們越來越發現，這些學校方法不適用於家庭，於是我結合自己英語、法語、德語的蒙氏教學方法和孔子學院對外漢語的教學經驗，重新探索設計了蒙氏家庭中文教學法。家長們可以在實踐中靈活調整、不斷創造，帶孩子一起進行語言啟蒙。

更多「在家蒙特梭利」語言啟蒙方案分享，請見：

蒙氏爸媽三級通關

初級：盡量減少孩子的「螢幕時間」，多和孩子展開有意義的對話，有意識地豐富對話的詞彙和內容。保證親子閱讀時間，逐步擴展童書選擇範圍。

中級：和孩子一起做手工、做家務，在生活中隨時引起孩子對漢字的興趣，敏銳地發現孩子的書寫敏感期和閱讀敏感期，並為他提供循序漸進的運筆練習和識字遊戲作為支援。

高級：跟隨孩子的節奏，在堅持積累了足夠多的識字量，進行了足夠多的運筆練習之後，開始進入系統書寫和閱讀階段。

第5章

數學邏輯

很多蒙特梭利老師在學習蒙氏數學的時候，經常會感嘆：「如果我小時候這麼學數學，後來就不至於那麼害怕數學了，原來數學可以這麼好玩！」

小時候，有多小呢？

蒙特梭利博士本人也曾經認為，數學應該是小學生和中學生的功課。可是當她長年累月地觀察過孩子後，得出了一個結論，她發現，孩子天生就擁有「數學性心智」。她曾經在書中寫道：

偉大的創造，都是源自於數學性心智。所以我們必須考慮所有與數學有關的方面，用來幫助孩子大腦的發展。可以確定的是，數學把心智抽象的過程組織了起來。所以我們必須在一個孩子比較早期的年齡，就用一種清晰的、可以觸及的方式提供給他們，這樣才可以刺激到整個正在建構心智的兒童。

「數學性心智」這個名詞其實來源於法國哲學家、數學家布萊茲・帕斯卡（Blaise Pascal）。他說過：「人類的心智，天生就具有數學性。」有一天，我在社群中發表了下面的日記，結果很多父母紛紛響應：儘管很多成年人都討厭數學，但是孩子的確是天生對數學感興趣的。

蒙氏爸媽日記

從未教過女兒數數，可是前段時間突然發現，女兒開始對數字著迷，見了汽車上的車牌號碼就要讀、要認，見到什麼都要數數有幾個。

今天早上她躺在被窩裡即興從1數到了99，著實讓我一驚。數的時候，每逢10需要進位，女兒都得停頓一下，然後自己接上繼續數。

想起她以前問過我19後面是幾，29後面是幾，當時手邊沒有介紹10以上數量對應的教具，我也只是簡單回答了下。想不到這次她居然自己舉一反三地數到了99。

數到99後，女兒停頓了好久都琢磨不出99後面應該是幾了。於是我告訴她是100。家裡剛好有根百珠鏈，我及時拿來和她一起用手指一個珠子一個珠子地數到了100。

陪伴孩子的過程中，我們往往會驚訝於孩子對數學的熱情和天賦，可是為什麼隨著年齡的增長，越來越多的人卻開始抱怨數學無聊了呢？

數學本身是一套非常精妙的邏輯工具，一旦擁有了數學思維，看似淩亂、複雜的世界，立刻就會變得清晰、簡潔起來。蒙特梭利博士描述過兩種「聰明」人：一種人是看起來很聰明，點子很多，但是思維混亂，沒有條理；另一種人，思維像地圖一樣精準，能夠做出很準確的判斷。

只有第二種人才是真正擁有「數學思維」的聰明人。可是，我們學了多少年的數學，做了無數的習題，卻很少有人能真正擁有數學思維，真正領略數學世界的風景。海倫妮·赫爾明（Helene Helming）在《蒙特梭利教育學》（*Montessori -Pädagogik*）中寫道：「慣常形式的數學課通常很無聊，因為孩子的數學性心智沒有被喚醒。練習僅局限於有限的目的性。即便它們很簡單，對孩子的心智來說也很陌生。」

想想看，大部分孩子都是從進入小學才開始學習數學的，對他們來說，起初接觸數學的方式就是滿紙的抽象符號。沒有一個從具象到抽象的過渡，沒有一個從感官到書面的過渡，孩子無法理解符號的意義，這些符號就猶如「天書」，很容易挫傷孩子的自信心和積極性，越往後孩子就越會覺得數學很難，所以越來越討厭數學。

數學的啟蒙方式很大程度上影響著孩子未來對數學學習的興趣。而蒙氏數學與眾不同的就是，透過一個完整的體系將抽象的邏輯具象化，充分調動孩子的感官，在親眼看、親手摸的過程中，讓孩子自發地理解符號背後的意義，發現數字之間的規律。

蒙氏數學體系很科學，也很優美。蒙特梭利博士透過教具的外觀設計將數學之美外在化，比如教具的顏色：個位數是綠色、十位數是藍色、百位數是紅色，到了千位數又變回綠色，循環往復；從1到10分別是紅、綠、粉、黃、藍、紫、白、棕、深藍、金色。這些用色規律地貫穿整個蒙氏數學體系中。

除了外觀設計，蒙氏數學體系的科學、優美還體現在它的內部結構中。這個獨有的啟蒙結構非常符合兒童的學習發展規律。傳統的數學學習方法中，當孩子掌握了0～10，就應該繼續學習11、12、13……，這個常規忽略了很重要的一點：9以後的數字明顯開始了有規律的重複。只要孩子掌握了0～9這10個數字符號，那麼符號加上位置，就可以表示所有的數字了。所以當孩子掌握了10個基礎的數字符號後，接下來就應該引入另一個重要的數學概念：十進位，也就是逢十進一。

當孩子理解了十進位，就可以舉一反三地推導出所有的數字，比如連續數到1000，還可以做四位數的加減乘除。蒙特梭利博士別具匠心地設計出了金珠遊戲，每顆金珠代表一個單位，孩子能非常直觀地看到數字的幾何意義。而且，處於動作敏感期的孩子透過搬運金珠，就能具象地理解加減乘除的運算過程。

等孩子到了5歲左右，我們再為他提供各種花樣練習四則運算的機會，在不同教具的使用過程中，孩子能自己探索出數字之間、運算之間的奇妙關係，這個自主發現要比正確算出加減乘除運算的結果更意義深遠得多。

透過數金珠發現十進位規律

直到某一天，你會看到孩子使用蒙氏算盤架，算著算著，竟然忘記使用手邊的工具，就直接心算出了答案。這個時候，孩子就做好進入完全抽象世界的準備了，等他進入小學，便不會輕易被那些抽象的符號所嚇倒，因為他曾經將象徵這些符號的實體把玩於手中，印刻在腦中。甚至可能到了中學，面對複雜的代數、幾何題目時，他都會無意識地借助幼年時的感官數學啟蒙經驗，獲得征服數學的勇氣和自信。

所以我們在家中，在孩子尚未真正開始系統地學習數學之前，應該盡可能地向他提供一些看得見、摸得著的數學環境，讓孩子對數學擁有最美的第一印象，以此激發孩子與生俱來的數學潛能。

這個數學環境要怎麼準備呢？數學啟蒙要遵循邏輯順序，從易到難，從具象到抽象，一步步通關：

- 第一步，10以內數量的應對
- 第二步，十進位
- 第三步，加減乘除的具象理解
- 第四步，認識11～99，連續數到100
- 第五步，連續數到1000和跳著數
- 第六步，加減乘除四則運算的階梯練習
- 第七步，抽象運算
- 第八步，認識分數

1～10的數量對應

數字1～10是數學的基礎，就如同26個字母之於西方語言的關係。不過我們這裡說讓孩子認識1～10，可不是單純、機械地讓孩子記憶10個數字的順序，而是讓他理解數和量之間的對應關係，明白每個數字所代表的意義，這才是更重要的。

首先藉由紅藍數棒向孩子介紹具象數量。孩子透過用眼睛看、用手觸摸來體驗1～10的每個數字，同時學習數字的名稱。一節數棒代表一個1，比如，5就由五節數棒組成，每一節數棒代表一個部分，孩子就會明白，5是由五個部分組成的一個整體。

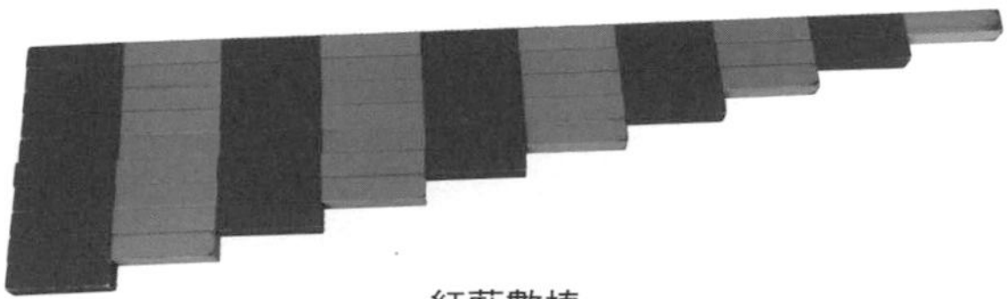
紅藍數棒

接下來，當孩子可以非常穩定地數清楚每根數棒之後，就可以給孩子介紹磨砂數字了。我們描摹並且讀出數字，孩子便能透過視覺、觸覺和聽覺的共同作用來認識和書寫每個數字符號。

磨砂數字

最後將數字卡片與紅藍數棒一一對應，將1～10的數和量對應起來。深入探索數棒的話，還可以讓孩子透過感官來體驗10以內的加減法和有關5的乘除法。

比如和孩子說：「我想把數棒9變得和數棒10一樣長，我們需要哪根數棒呢？」孩子找到數棒1，將數棒1放在數棒9的右邊。以此類推，將數棒8和數棒2組成數棒10，數棒7和數棒3組成數棒10……，如此，我們便帶給孩子加法的感官印象。

如果將數棒5翻轉，也會變成數棒10，由此，孩子便能從中獲得乘法、除法的最初感官經驗。

在家中，父母可以運用很多玩具來跟孩子介紹10以內的數量對應，比如積木、樂高等。

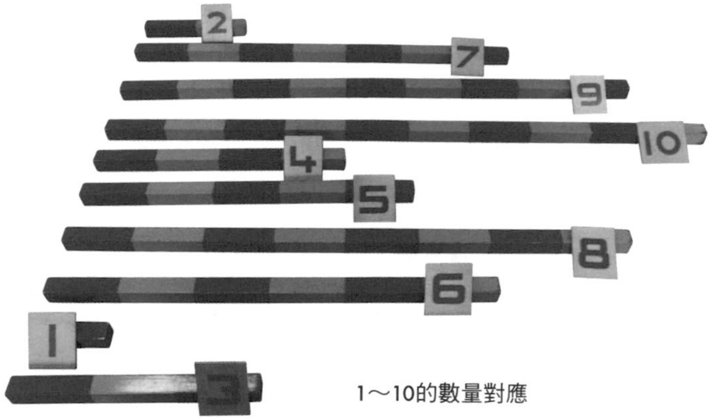

1～10的數量對應

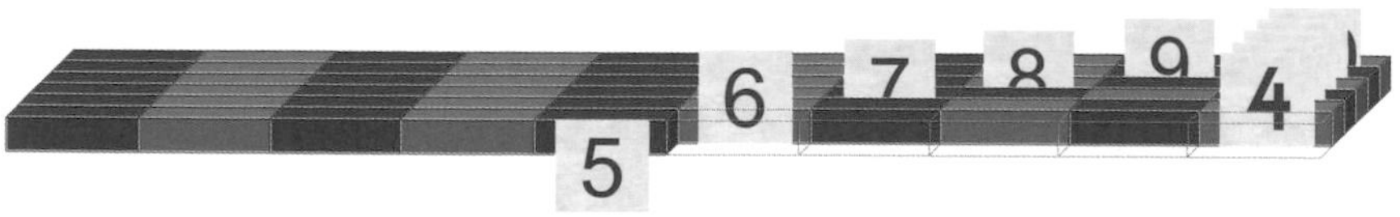

透過數棒體驗加法

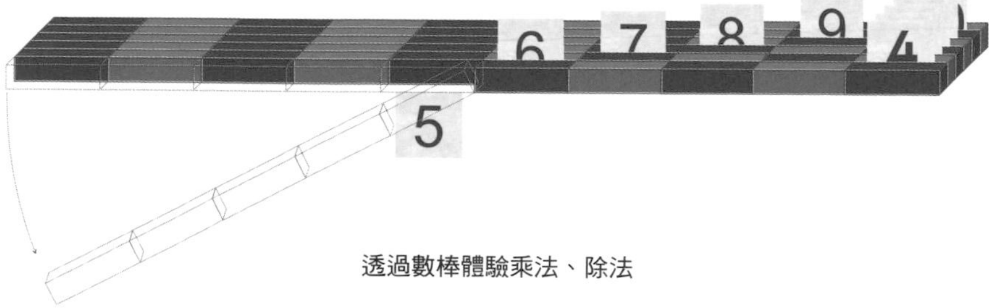

透過數棒體驗乘法、除法

認識0以及複習1～10

當孩子掌握了1～10的數量對應後，就要用到兩組蒙特梭利教具：紡錘棒箱、數字與籌碼，來幫助孩子複習熟記。

比如紡錘棒箱，孩子要先認出每個分格上的數字，然後放進相應數量的紡錘棒。紅藍數棒的每個數字呈現的是一個整體，而透過將紡錘棒放入對應的分格中，孩子會明白每個數字都是由單個的個體組合而成的。

孩子還會發現，第一個小分格是空著的，為什麼呢？因為上面寫著0，這時我們就可以簡單地跟孩子解釋：「0就是沒有，代表什麼也沒有。」孩子會覺得0這個概念很有趣，這時也可以給他介紹磨砂數字0。

紡錘棒箱之後就是數字與籌碼。在玩紡錘棒箱的過程中，孩子已經將0～9這10個

紡錘棒箱

數字按照順序擺好了，這樣他就會明白這個天然的邏輯順序，透過反覆練習，就能強化這個順序。在玩數字與籌碼的時候，孩子需要自己將數字符號按照1～10排列出來，再在相應的數字下面放上等量的紅色籌碼。在這個過程中，孩子可以自己檢查自己是否掌握了數字排序。

將籌碼成對地擺放出來後，孩子自然會直觀地發現，這10個數字可以分成兩種，一種擺到最後是單個的，另一種擺到最後是雙個的。時機合適時，還可以順便給孩子介紹奇數和偶數的概念。

在家中，我們可以利用身邊的材料，發揮自己的創造力製作簡易的蒙氏數學教玩具，比如用衛生紙筒當作紡錘棒箱，用冰棒棍當作紡錘棒，用玻璃彈珠或者扣子代替紅色籌碼等。

數字與籌碼

金珠十進位

等孩子熟悉了0～10之後，我們就可以開始跟他介紹十進位的概念了。

借助蒙氏教具中非常生動、直觀的金色珠子，孩子可以觸摸實體的1、10、100、1000，然後慢慢瞭解10裡面有十個1，100裡面有十個10，1000裡面有十個100。這個過程中不僅僅有視覺，也有觸感和重量的體驗。

珠子給予孩子的不僅僅是算數和代數的初步體驗，也是幾何的具體印象。1是點，只有一個維度；10是線；100是面；1000是三維立體。

從具象的珠子再到抽象的符號，孩子會注意到每個數字後面有幾個0。慢慢地，他會明白，0可以用來占據一個位置，一個0代表一個數位。

十進位展開，顯示的就是算術演化的基本結構。孩子可以從中理解這個過程是怎麼發生的，理解過程比得知結果重要得多：

介紹十進位

- 將9個小珠子擺出來，就進位變成10的金色珠棒
- 將9根珠棒擺出來，就進位變成100的金色正方形
- 將9個方塊擺出來，就進位變成1000的金色立方體

最後我們引導孩子將珠子和卡片結合，完成數和量的熟練對應，比如給孩子4000、800、80、9這四張卡片，讓孩子去取對應的珠子。最後將四張卡片疊放在一起變個「魔術」，變出一個超級大的四位數數字，向孩子示範四位數讀法：四千八百八十九。

如果孩子已經熟練掌握了數字進位與數量對應，我們還可以跟孩子玩一個轉換遊戲，以此幫助孩子瞭解一個數位

十進位展開

的10可以變成高一級數位的1，理解換位的數學概念。

玩法很簡單：我們拿出一些小珠子，告訴孩子遊戲規則，就是每次數到10就要喊停。每當孩子數到10，就停下來，然後跟孩子一起觀察這些珠子排出來像什麼，孩子自然會發現，10顆珠子擺出來像一個10的珠棒，於是可以引導他將這些珠子放回，用一個珠棒來取代。這個轉換遊戲可以為之後理解四則運算的進位、退位做準備。

金珠十進位掌握之後，如果孩子對數數感興趣，也可以先跳過四則運算，開始帶孩子認識11～100，接著連續數和跳著數。如果孩子喜歡動來動去，那就和他一起開始金珠四則運算之旅吧。我們將金珠十進位和金珠四則運算統稱為金珠遊戲，在我看來，這是蒙特梭利博士最精妙的設計之一。

大數字魔術

金珠四則運算

透過金珠來介紹四則運算的順序是：從不進位到進位，從加法、乘法到減法、除法。

用珠子來示範加減乘除，同樣要注意，重點是過程，結果並不重要。也許孩子拿錯了量，算錯了結果，這些都不重要，關鍵在於理解加減乘除各自的含義。

在蒙特梭利教室，這個部分是由老師和幾個孩子共同完成的，而在家中，可以動員全家人一起來做加減乘除的遊戲，讓孩子在親密又歡樂的氛圍中理解加減乘除的意義。

比如跟孩子一起做加法的遊戲：可以讓爸爸和孩子分別拿著一些珠子和對應的卡片，然後將珠子放在媽媽手中的大托盤裡，媽媽數一數一共有多少顆珠子，最後讓孩子

金珠加法

找到對應的卡片。

孩子在這個過程中就會明白：加法就是將所有的都加在一起。適當的時候，可以介紹進位加法，啟發孩子用之前介紹的轉換遊戲嘗試換算。

減法就是爸爸從媽媽那裡拿去一部分，孩子也可以繼續從媽媽那裡拿去一些，孩子在自由選取減數的時候，就有可能自然帶入退位減法的內容。

與此類似，我們可以用同樣的方法為孩子介紹乘法和除法。

有精力的父母可以用細鐵絲和珠子自製金珠教具，也可以自行購買成品。

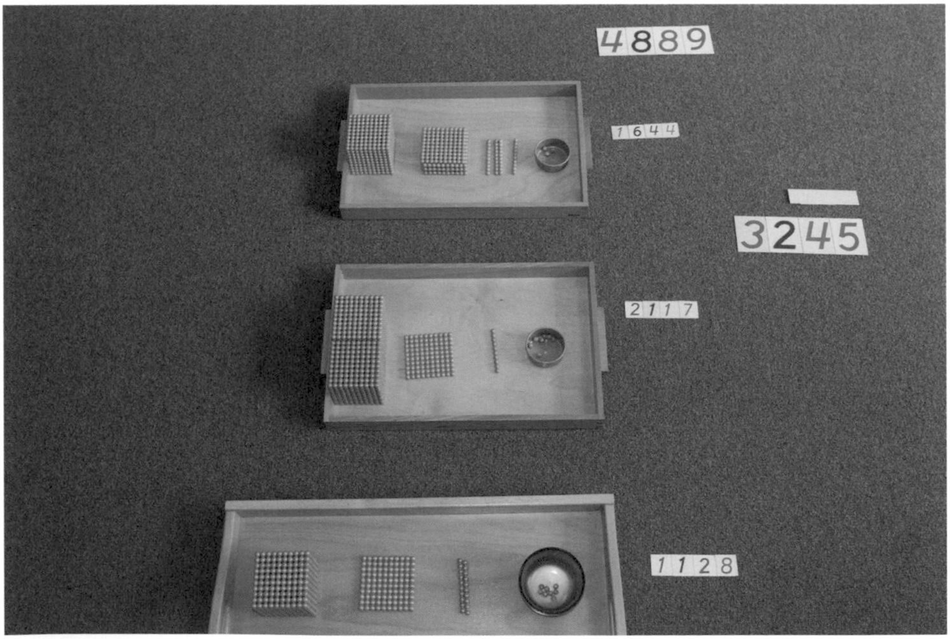

金珠減法

郵票遊戲

在孩子接觸了最直觀、形象的金珠四則運算之後，就可以用稍微抽象一些的方式來幫助孩子複習一下。郵票遊戲也是蒙氏數學中的經典遊戲，所謂「郵票」，是指直接標記上數字符號、大小統一的各色小方塊，用來代表1、10、100、1000。

在開始進行郵票遊戲之前，孩子需要將代表1、10、100、1000的金珠、郵票和數卡一一對應，然後學習書寫與郵票量對應的四位數。

比起金珠遊戲，郵票遊戲更難的一點，除了呈現方式更加抽象外，就是開始要求孩子書寫題目結果。剛才我們在四則運算的部分舉了加法和減法的例子，那麼這裡就以乘法和除法為例。

其實，乘法就是一種特殊的加法，回歸到運算原理上，就是將幾個相同的數目加在一起。在金珠遊戲中，當孩子理解了加法的概念後，就可以跟孩

郵票乘法

子玩一個特殊的加法遊戲：爸爸和孩子拿著一樣的數卡去取金珠，然後放在一起做加法，孩子自然會發現兩個人拿的量相同，這時候我們就可以跟孩子說：「我們將幾個同樣的量加起來，就是乘法。」因此在郵票遊戲中，當孩子看到一個四位數乘以3，就會明白這個題目的意思是取三次同樣多的四位數，然後加在一起。

幼兒園的生活經驗能夠幫助孩子比較容易地理解除法概念，即平均分配。郵票遊戲中的小人就是用來做平均分配用的。當孩子看到一個除法題目，就明白是要把這個大數字的量平均分配給三個小人。

當孩子掌握了四則運算之後，我們就可以在生活中隨機出應用題了，比如：「我們家裡有三個人，今天要來四個客人，你總共要準備幾個杯子？」孩子可以借助金珠或者郵票來得出結果。

郵票除法

認識11～100

讓孩子從0數到100，目的不是數數，而是在這個過程中理解每個數字的含義，以及數與量之間的關係。

當孩子認識了0～10，並且透過金珠遊戲瞭解了十進位之後，就可以繼續認識11～19，再認識11～99。讀中文數字要比讀英語、德語、法語數字都簡單得多，孩子一旦掌握了原理，就很容易舉一反三，自己「研發」出10以後的數字讀法來。

與0～10的學習方法相似，先讓孩子透過彩色珠子認識具象的數字，再慢慢引入抽象的數字符號。

將個位數與十位數結合，孩子便能構建出11～99的珠子模型。比如，17就是一個代表10的金色珠棒，再加上一個代表7的白色珠

11～19 數量對應

棒。於是，孩子自然會明白：17＝10＋7。

將11～19的珠子和符號，即量與數相對應，最後一個數字是19，由一個10和一個9組成。

那麼從19怎樣變成20呢？孩子在9後面再加上一顆珠子，就可以將彩色珠子換成1根代表10的金色珠棒了，2根金色珠棒，就是20。

20是2根金色珠棒，30是3根金色珠棒，依此類推，90就是9根金色珠棒。

等孩子學會了如何從19變成20，自己便可以完成從29變成30，從39變成40……直到從99變成100。

在家中，我們可以用紙質的數字卡片來代替木質教具。彩珠和金珠既可以自製，也可以購買。

11～99 的數量對應

連續數

在蒙特梭利教室裡，有一個巨大的串珠架。

串珠架的最下邊及最左邊是金色串珠，分別是百珠鏈和千珠鏈。百珠鏈的100不再是一個正方形，而是展開成一整條串珠鏈。

孩子可以用小小的手指一個一個地指著小珠子按照順序從1數到100，每數一個數字，還可以在一旁標記上對應的數字符號卡片。

千珠鏈的1000也不再是一個立方體，也是展開成一條長長的串珠鏈。

蒙氏串珠架

在數千珠鏈的過程中，孩子看似要記憶大量的數字名稱，但其實他只要掌握了從11～99的數字名稱，就能輕鬆拓展到1000。這個過程孩子只是安靜、機械地數數，他能在無比專注的狀態下，不知不覺地就完成一件非凡的事情。想像一下，這時候的孩子會多有成就感。

百珠鏈

千珠鏈

跳著數

串珠架上，100的金色珠鏈往上，平行擺放的是從1～9的平方鏈，即1^2、2^2、3^2……，以及代表平方鏈幾何意義的正方形。這9根平方鏈的數法，不同於百珠鏈和千珠鏈，而是要著重在數出每一節上的最後一個珠子，要和孩子一起大聲數出來，並且在一旁標記好數字符號卡片。

比如5的平方鏈，突出的幾個數字分別是5、10、15、20、25。最後一個數字25上方是每個邊都是5顆珠子的正方形。

串珠架上，垂直懸掛著的是從1～9的立方鏈，即1^3、2^3、3^3……，在平行擺放的平方鏈旁邊，還有代表立方鏈幾何意義的立方體。同樣，立方鏈每一節的最後一個數字是重點，需要大聲讀出來。比如4的立方珠

5的平方鏈

鏈，除了4、8、12，還有16、20、24等，一直到64。最後一個數字64的上方，擺放出每個邊都是4顆珠子的立方體。

跳著數珠鏈，顯而易見，就是透過具象的感官體驗方式，幫助孩子理解和記憶乘法口訣。不僅如此，感官乘法還能為孩子未來的幾何學習儲備生動的感官印象。

4的立方鏈

練習四則運算

前面講的金珠遊戲和郵票遊戲的活動，重點在於引導孩子理解加減乘除四則運算的具象過程。在孩子已經熟悉了各種珠鏈的組合後，接下來就是越來越抽象的升級遊戲了，這些遊戲能夠幫助孩子不斷重複加減乘除運算，加深理解，輔助記憶。

記憶的最終結果就是搞定每一種運算的最後一個教具：空白表。我們主要以加法和乘法為例。

從加法板開始，我們給孩子提供加法題目，孩子就可以開始操作教具，自己寫出答案了。比如，4＋2就是把一個代表4的加法板和一個代表2的加法板並排放在一起，於是就得到了6這個答案。

另外還有三張加法操作表，其中兩張透

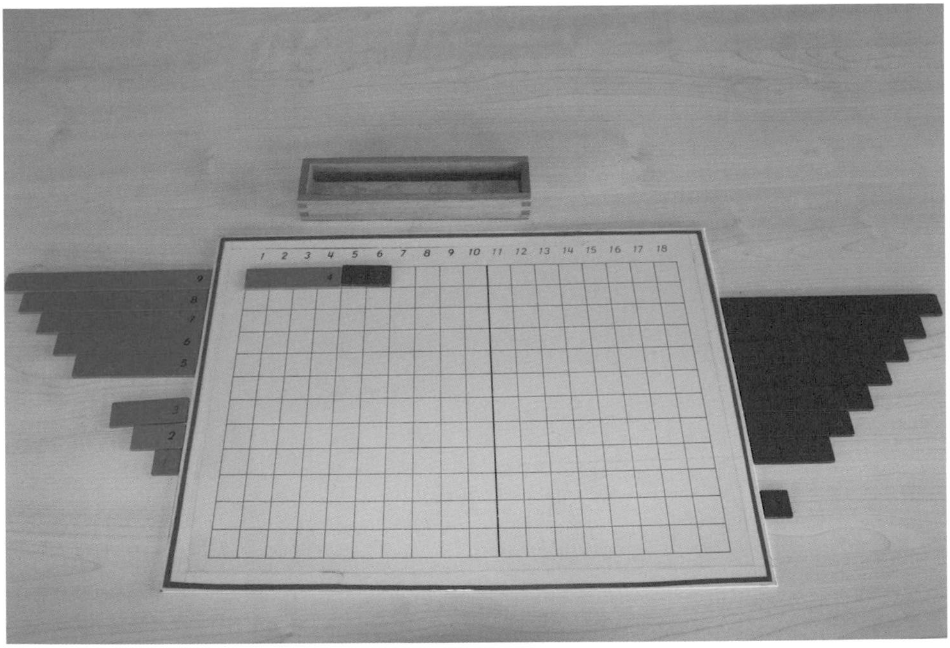

加法板

過不同的手指操作方法呈現了所有可能出現的加法結果。最後一個是空白表，當孩子非常熟悉所有的加法組合後，就可以自己透過這個空白表來檢驗記憶結果了。減法是加法的反向操作，方法類似。

對於乘法練習，我們可以先準備好乘法題目，然後讓孩子透過數紅色小珠子的方式得到答案，最後把答案寫在紙面上。比如，4×3就是在乘法板上擺出4行3列紅色小珠子，然後讓孩子數出來一共有多少顆珠子。我們能看到這個題目的幾何含義，也能聯想到先前操作的平方鏈。

同樣，乘法也有三張乘法操作表，其中兩張透過不同的手指操作方法展示了所有乘法組合的結果。還有一張乘法空白表，用於乘法口訣的檢驗。除法是乘法的反向操作，方法類似。

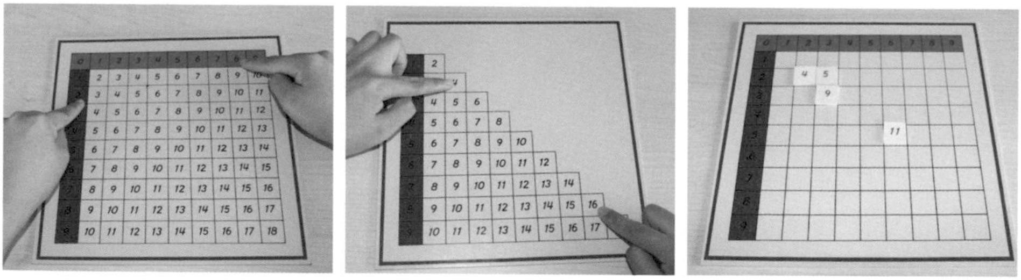

加法操作表

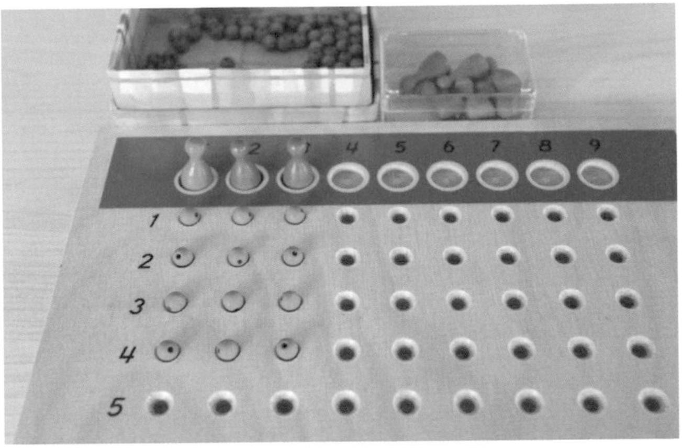

除法板

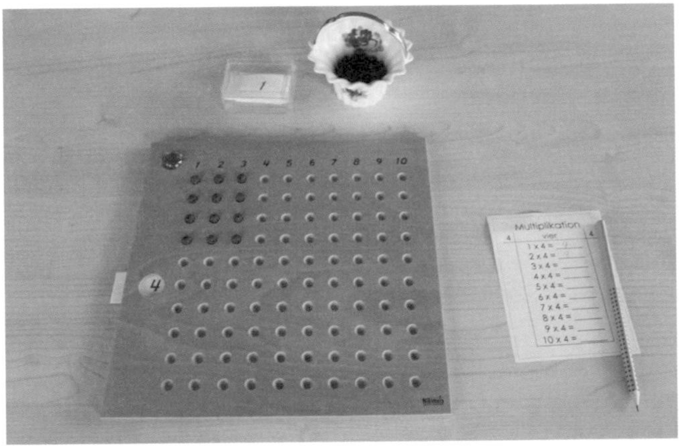

乘法板

乘法操作表

抽象算盤架

準備好，借助抽象算盤架，我們要帶孩子進入更加抽象的數學世界了。我們會慢慢發現，在不斷練習的過程中，突然有一天，孩子就能完全脫離教具，進行獨立心算了。

想要達成這一步，至關重要的是，孩子一定要從3歲到5歲半這段時間，積累足夠多的感官數學經驗，因為正是這些前期的經驗，建構了孩子的抽象思維，讓他自然而然就能逐步脫離具象教具，為進入以抽象教學為主導的小學做好準備。

將算盤架與代表1、10、100、1000的金珠做對比，孩子會明白，一個綠色珠子代表1，一個藍色珠子代表10，一個紅色珠子代表100，最下面的綠色珠子每個代表1000。孩子一個個地撥珠子，每撥到10就進一位，在這個過程中，孩子便再次複習了十進位。

像郵票遊戲一樣，可以讓孩子擺放一定的量，然後在紙上寫出對應的數字。當孩子能夠寫出算盤架上展示的四位數以後，就可以用算盤架做加減法了。

抽象算盤架

分數拼圖

其實在生活中，孩子已經有很多關於分數的感官體驗了，比如過生日的時候，幾個小朋友平均分配蛋糕，每個孩子得到的蛋糕是一樣大小的，這就是關於分數的基本認知。分數這個概念在生活中應用範圍很廣，包括鐘錶、音樂、測量等都會涉及。

透過蒙氏分數教具，孩子能得到關於分割、分數的感官印象，理解分數的含義，學習分數的名稱，自由探索分數之間的關係，最後開始做分數的四則運算。

我們可以讓孩子從不同的分數圓盤中選取一部分，湊在一起組成一個完整的圓。比如讓孩子自發探索出等式：1/2＋1/4＋1/8＋1/8＝1。

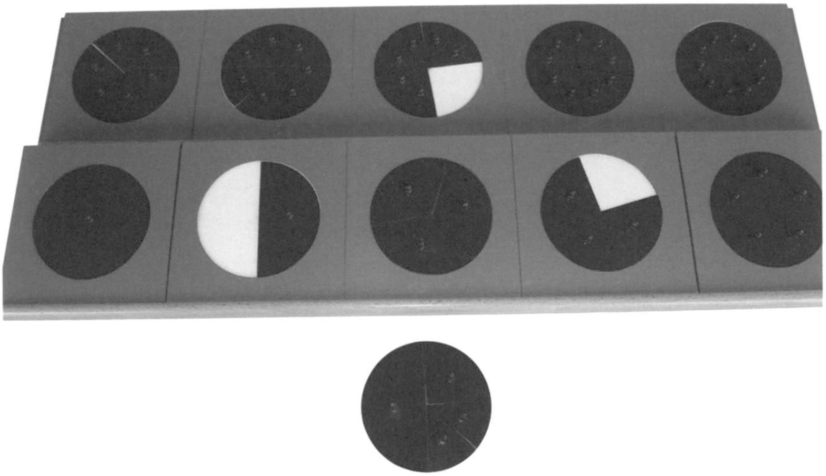

探索分數之間的關係

✽在本章中可以看到，很多蒙氏數學教具體積龐大，並不適用於大多數家庭。但是要幫助孩子開啟數學性心智、培養他對數學的興趣和自信，家長需要從宏觀上了解蒙氏數學的啟蒙思路，根據自己的實際情況，購買或者自製具有類似功能的教玩具，盡量利用身邊現有的資源，為孩子進行科學的數學啟蒙。

更多「在家蒙特梭利」數學啟蒙方案分享，請見：

蒙氏爸媽三級通關

初級：生活中隨時隨地引起孩子對數字的注意，借助身邊材料，比如水果、樹枝、台階、扣子等，帶孩子掌握0～10的數量對應關係。

中級：用金珠來直觀演繹十進位和加減乘除運算過程，用語言總結出加減乘除的含義，比如加法就是將不同人的金珠放在一起。借助彩珠和百珠鏈介紹1～100的數量對應。透過分數拼圖來幫助孩子積累切割、分數的感官印象。

高級：利用專業設計的蒙氏教玩具，從具象到抽象帶孩子進行加減乘除的花樣練習。借助平方鏈和立方鏈，練習1～1000的連續數和跳著數。最後透過抽象算盤架，帶孩子進入完全抽象的數學世界。

第6章 科學文化

科學教育不僅僅是幫助孩子瞭解一些科學知識，更重要的是帶他們學習一種認識世界的方法。科學教育能夠幫助孩子透過現象掌握事物的原理和規律，學會用科學的方法來分析和解決問題。

我們在前文寫到德國的幼兒園不教給孩子任何學術方面的知識，那德國孩子每天在幼兒園幹什麼呢？除了生活學習，就是探索大自然。

德國的早期教育非常重視孩子與大自然的親密接觸。不僅幼兒園會安排森林日，在天氣好的週末，家長也會帶著孩子到森林徒步或者騎行，探索森林、強身健體的同時，還培養了孩子與大自然的親密感。在這樣的活動中，孩子自然而然就有了興趣，想去深入瞭解大自然中多種多樣的動植物，以及地形地貌、天氣現象等自然科學知識。

火山模型

德國還是科學大國，除了政府重視科學研究之外，家長也非常重視從小培養孩子的科學素養，包括好奇心、求知欲和獨立思考能力等。在德國，各大科研院所、工廠、消防站等每年都會安排開放日活動，在那一天，這些機構都會對社會敞開大門，安排各種示範活動，並且讓孩子親自動手參與一些項目。孩子們可以借此機會瞭解千奇百怪的專業知識，瞭解各行各業人士的日常工作，還能親自動手參與這些工作，比如垃圾回收、製作義大利麵條、進行科學實驗等。

德國還有很多適合孩子探索的自然博物館和科學展覽，還出版了大量高品質的科學啟蒙童書。很多德國父母自己就是在這樣的氛圍中成長起來的，對於孩子來說，他們的父母彷彿就是一本「移動的科學百科全書」。

太陽系模型

蒙氏爸媽日記

今天我們一家到湖邊散步。突然有隻蜜蜂螫了我一下，我在孩子面前忍不住大聲叫了出來。

孩子的爸爸（他是德國人）此時非常冷靜地將刺拔出來，用嘴將毒液吸出。他還隨身帶著可塗抹的消炎藥，立刻幫我塗上。

此時我滿腦子都是自己小學五年級被蜜蜂螫的情景，整個學校和街坊鄰居都沒有一個人能用正確的方法幫助我，傷口兩個星期都沒有好。從此留下了陰影，以致再次被蜜蜂螫時我反應過於強烈，沒有給孩子做一個很好的榜樣。

可是這次，在孩子爸爸科學、簡約的處理下，傷口幾乎沒有腫起來，幾個小時內就恢復到原狀了。我都有點不敢相信這是真的！

孩子爸爸事後安撫兒子：「只要你不打擾蜜蜂，它就不會輕易螫人。」

兒子說：「我知道，蜜蜂一般不螫人，螫人後它就死了。」

孩子爸爸解釋道：「不是所有的蜜蜂螫人後都會死，這要看它的品種，絕大多數蜂類螫針上不帶倒鉤，螫人後就不會死。」

我長這麼大都不瞭解的知識，成長在德國的兒子這麼小就能在生活中學到了。

——生生媽媽

文化教育能幫助孩子更加適應、瞭解和熱愛他所成長的環境，並能讓他保有一顆開放、包容的心去接納多元文化。

法國有著深厚的文化底蘊，在法國，文化教育占有舉足輕重的地位，從幼兒園到高中，貫穿整個義務教育階段。

法國的《教育法典》（*le Code de l'éducation*）中寫道：

人文文化讓孩子能夠同時獲得連續性和斷裂感、身分認同感和他者感……人文教育有助於培養批判精神、品味和敏感性。它豐富了對現實的感知，接納、包容人類生活情境的多樣性，激發反思自己的觀點和感受，喚起美好情感。文化教育有助於形成公民社區的歸屬感，建立理性思維，使每個人有能力建立自己的文化，並為開放世界做準備。

法國藝術館

在法國，尤其是巴黎，有很多博物館、城堡、藝術工作坊對孩子免費開放。法國幼兒園週三不上課，家長可以利用週三和週末的時間帶孩子體驗各種文化藝術活動。在幼兒園，孩子也有很多機會接觸不同國家的藝術、語言、文化、食物等，老師或者家長會帶著孩子一起具象地認識時間和歷史，幫助孩子在空間和時間上定位，開啟哲學上的啟蒙和思考。

蒙氏爸媽日記

法國班級裡有個小男孩，有一天跟我說：「我告訴我媽媽了，我長大後要娶你。但是媽媽說我長大了你就死了。」

我心想，這位媽媽莫非吃醋了，下這麼大的詛咒。

我問小男孩：「你知道什麼是死嗎？」

小男孩說：「知道啊，就是到天堂去了。誰都要死的，爸爸要死，媽媽要死，你也要死的。」

小男孩漫不經心地說著這些話。旁邊一個小女孩聽到了說：「胡說，人才不會死呢。」

小男孩說：「當然會死了，人死了要去天堂，天堂有小河，有鮮花，有月亮，還有死去的人。死去的人是不能說話的，但是他們能聽到，他們聽音樂。」

小女孩哭著說：「就不是，爸爸媽媽不會死。」

小男孩說：「不信你問亞楠。」

小男孩瞬間將炸彈拋給了我，我擁抱著哭得梨花帶雨的小女孩說：「人會死，但是要很久很久以後才會，太久太久了，不要擔心。」

隔了幾天，我在圓圈時間（circle time）向孩子們介紹了毛毛蟲短暫的一生，又重拾死亡這個話題，於是和孩子們分享：「大部分人會到非常年老的時候才死去，很少的人，比如不注意安全，開車不小心的，也會意外死亡。還有一些人，不注意健康，也會生病死亡。」

孩子們開始七嘴八舌地討論起來，大一點的孩子非常激動，有一個男孩突然說：「而且這個世界上沒有聖誕老人！」

有的孩子又哭了，喊道：「胡說！」

我說：「別人說的話不一定是對的。聖誕老人，你們要自己尋找、自己思考，看看到底有沒有。」

如果我們沒有豐富的知識儲備，沒有得天獨厚的自然社會環境，又如何在生活中拓寬孩子的思維，培養他們對科學文化的好奇和熱情呢？

蒙特梭利博士曾經寫道：「這裡有一個教育的基本原則，即教授細節會帶來混淆；建立事物之間的聯繫，會產生知識。」

在蒙特梭利教學方法的基礎上，在孩子的科學家爸爸的指導下，我整理出了一套科學文化啟蒙體系，為的就是幫助父母掌握為3～6歲孩子介紹天文、地理、生物、物理，以及時間、歷史的方法，並讓孩子自己建立起知識之間的聯繫。

在本章，我們夫妻發揮各自的優勢，爸爸理性的科學思維和媽媽多元的文化視角，透過一段段對話來拋磚引玉，啟發大家如何在生活中透過對話的方式為孩子進行科學文化啟蒙。

3歲前，孩子從生活中吸收、積累了大量的感性認知；3歲以後，他們開始有意識地整合這些零散的資訊。如果我們給孩子提供一條線索，讓他們將世界上的萬事萬物分門別類，讓知識變得條理清晰，這種從整體到部分的啟蒙思路，對孩子邏輯思維和科學思維的建立都極其有益。

零碎的知識細節浩如煙海，但是有了宏觀、立體的視角，普通父母就不再會畏懼孩子無止境的「為什麼」了。兒童發展專家艾利森·高普尼克曾經實驗統計得出，學齡前孩子平均每小時要問75個「為什麼」。算一算，3～6歲這三年，我們確實要面臨孩子的十萬個為什麼呀！

大多數孩子的「為什麼」都可以歸屬到本章中的某一部分。我們可以借助書籍或者網路，來和孩子一起填充科學文化體系當中的細枝末節。只要胸中有宏圖，手邊有「百科」（書或者網路），我們就可以輕鬆成為小朋友的科學文化啟蒙老師。

蒙氏爸媽日記

高速公路上，我們開車路過一起追撞事故，趴在窗戶旁的小傢伙看見了，問道：「啊！那兩個車怎麼回事呀？」

我回答道：「後面那個車追撞了。」

小傢伙問：「什麼是追撞啊？」

我回答：「後面那個車撞到前面的車了。」

她繼續問：「它為什麼要撞前面的車啊？」

我說：「司機開車不小心就撞到了呀。」

她追問：「他為什麼不小心呀？」
我說：「他可能分心了，所以不小心撞車了。」
她又問：「他為什麼分心呀？」
我耐著性子說：「他可能在打電話吧。」
她還問：「他為什麼要打電話呀？」
我一時語塞。
小丫頭繼續追問：「爸爸，你為什麼不說話了呀？」
我只好說：「我再說話，我也要追撞了。」
「為什麼呀……」

——葡萄爸爸

這樣的場景實在太普遍了，也許很多父母都有過被孩子問得啞口無言，甚至崩潰發怒的時刻。曾經，我以為孩子這樣做是在有意吸引父母的注意，但是當我開始嚴肅、認真地面對孩子看似無厘頭的提問後，就慢慢發現，孩子確實是想要得到滿意的解答，從中學習。

作為一個不是很博學的媽媽，在面對孩子打破砂鍋問到底的提問時，我常常會借助網路上的搜尋引擎來尋找更專業的答案。比如葡萄爸爸遇到的那個問題，如果是在方便的情況下，應該及時地向孩子示範，如何借助網路搜索「追撞」，再用簡單的語言將搜索結果替孩子「翻譯」出來。「追撞」這個現象可以歸屬到本章最後一部分：科學實驗。我們還可以參照本書提供的範例，用模型為孩子示範「追撞」。相信孩子最終會對這樣認真嚴肅的答案感到滿意，從而終結此輪「為什麼」的。

當然，將電子產品當作手邊的「百科全書」的前提是：之前沒有「培養」孩子對螢幕的迷戀，平時沒有把電子產品當作幫孩子打發時間的「保姆」。父母需要謹慎、智慧地培養孩子健康使用電子產品的習慣。

另外，我們應該明白，世界上的很多問題是沒有標準答案的，當孩子提出問題時，盡量不要簡單、粗暴地拋給孩子一個答案，而是應該抱有欣賞的態度回應他：「你這個問題真有趣。」然後和孩子一起思考，一起發現尋找答案的方法。不容置疑的答案可能會撲滅孩子好奇的火種，而開放的答案往往能真正幫助孩子獨立思考，獨立探索世界和認識自己。

天文地理・地球儀

地球、大洲、國家這些概念對於3歲的孩子來說很是抽象，但是意義深遠。從地理到天文，孩子能夠在廣闊的世界甚至宇宙中找到自我定位，擁有歸屬感。

父母可以帶著孩子認識不同文化背景的小朋友，品嘗不同地域的美食，在完成一次跨城或者跨國旅行之後，還可以在地球儀上為孩子指出去旅行的位置，從地球儀出發，再聯繫到各大洲的動物、植物、語言、文化等，可以說，地球儀是孩子打開科學文化大門的第一把鑰匙。

由於孩子已經具備了對水和土地的感性認知，所以我們先用孩子熟悉的具象內容帶入，為他們介紹只有水和陸地的地球儀，然後再介紹不同大洲的七彩地球儀。

在蒙特梭利教室，數學教具擁有獨特的顏色密碼，地理部分同樣也是如此。在蒙氏地球儀上，每個大洲都有各自的顏色，比如亞洲是黃色，關於亞洲的內容也都儲存在黃色的檔袋中。透過顏色來識別定位，能幫助孩子更好地理解和記憶。

蒙氏地球儀

拋磚引玉

媽媽：「我們生活的地球很大很大，這個球代表著縮小的地球。地球表面由水和土地組成。這是土地（帶孩子觸摸棕色陸地部分），是我們居住的地方。這是水（帶孩子觸摸藍色海洋部分），什麼居住在水裡啊？」

孩子：「魚。」

媽媽：「我們數數有幾塊土地啊？」

孩子：「1，2，3……」

媽媽：「我們再一起數數這個七彩地球儀吧。這個更容易看清楚有幾塊土地。」

孩子：「1，2，3，4，5，6，7。」

媽媽：「這幾塊土地叫作『洲』，每個洲都有不同的顏色，也都有自己的名字。每塊洲上都居住著人和動物。」

媽媽：「找找哪塊洲最大，最大的就是我們居住的地方。」

孩子：「這塊。」

媽媽：「對，這塊洲就是我們生活的地方，叫作亞洲。」

天文地理．平面地球拼圖

等孩子熟悉了立體的地球儀，再向他呈現平面地球。拼圖是認識平面地球非常好的方式。一塊拼圖代表一個大陸，大陸的顏色和彩色地球儀一致。

拋磚引玉

媽媽：「看看這個地球，我們每次只能看到地球的一面。」

媽媽拿起平面地球中的一塊拼圖說：「你看這一塊，和地球儀的這邊一模一樣。你來看看，地球儀的另一邊對應的是哪塊拼圖？」

孩子：「這塊。」

媽媽：「這兩塊平面地球拼圖代表著平的地球儀，這樣我們就能同時看到地球儀的兩邊了。」

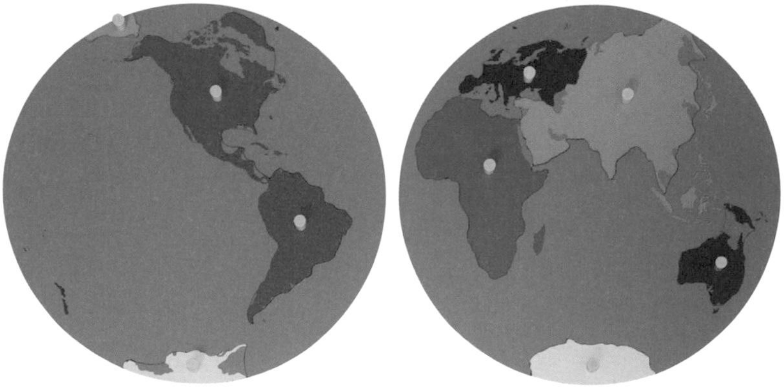

平面地球拼圖

透過這個平面地球拼圖，孩子可以認識七大洲的名稱，還能將每個大洲的外形輪廓描摹在白紙上，然後塗上對應的顏色。

最後孩子可以將畫好的七大洲剪下來，參考平面地圖的位置，黏貼在一張大大的藍色紙上，這時候就完成了自己製作的平面地圖。孩子需要很長時間的專注，才能完成這份工作，但是當他完成之後，會感到特別自豪。

如果孩子一直對描繪地圖抱有濃厚的興趣，還可以帶他一起繼續精細描摹每一塊大陸。

會讀寫的孩子還可以自製大陸名稱、國家名稱的標籤，黏貼在相應的位置上。

繪製地圖

天文地理・文化展示台

當孩子認識了大洲的名稱後，我們就可以為他準備一些跟每個洲有關的照片、物件和童書繪本了。在孩子的房間裡準備一個小小的展示台，將這塊拼圖和這些照片、物件還有童書繪本一一陳列出來。

當孩子認識了我們生活的亞洲之後，再跟他介紹亞洲的國家，當然要重點介紹我們生活的國家，瞭解我們國家不同的民族、語言和飲食習慣等。之後再介紹其他國家。

當孩子熟悉了一個國家的名稱後，我們還可以為他準備與這個國家有關的照片、物件和童書繪本，以同樣的方式在孩子的房間裡陳列、展示出來。也可以帶著孩子去這個國家的餐廳品嘗美食，聽這個國家語言的歌曲，結識這個國家的朋友，或者欣賞這個國

文化展示台

家的建築。

如果孩子喜歡足球的話，也可以跟他一起觀看足球比賽，認識不同國家的國旗，還可以帶著孩子手工製作小國旗。

著名建築物模型和照片

各國國旗展示台

天文地理・地形地貌

自然地理這部分內容，我們可以向孩子介紹地形、風、火山爆發等。

比如為孩子介紹地形，我們可以和孩子一起製作地形模型，透過黏土和水的位置對比，幫助孩子生動地瞭解幾個地理概念：湖和島、峽灣和半島、海灣和海岬、海峽和地峽、湖泊群和群島等。

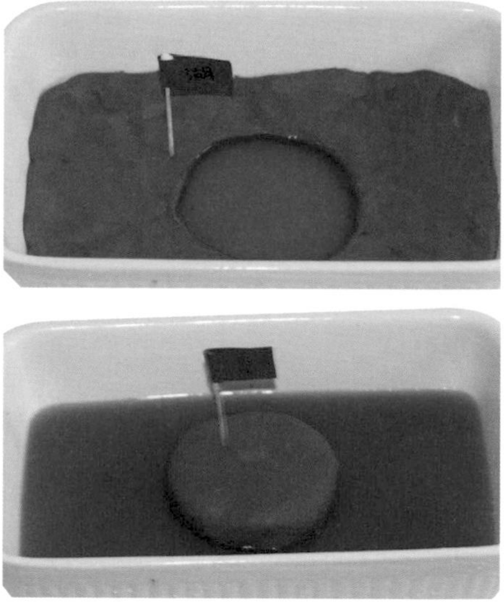

用黏土和水製作地形模型

拋磚引玉

先準備兩個托盤，一個裡面裝滿黏土，代表土地；另一個裡面盛些水，代表水域。

媽媽指著裝滿黏土的托盤跟孩子說：「這是土地。」然後指著另一個問：「這是什麼呢？」

孩子回答：「水。」

然後在黏土中間切出一個圓形，切到底，將切出的黏土放在旁邊盛著水的托盤中間，再用勺子將水托盤中的水舀到陸地托盤中來。

媽媽告訴孩子：「這個是湖（指著陸地托盤），這個是島（指著水托盤）。」

我們還可以用藍色和棕色的紙，透過剪切、黏貼，做成各種水陸地形，比如島、湖、峽灣、半島等。

之後我們再收集各種真實的地形照片，與孩子製作的地形平面模型一一對應。當然，如果有機會讓孩子親眼見到這些地形景觀的話，到時候更不要忘記幫助他將真實景觀與先前手工製作水陸地形的經驗聯繫起來。

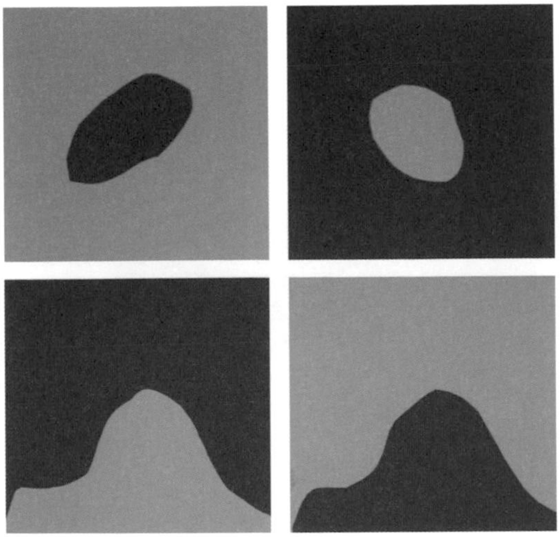
用剪紙來展示各種水陸地形

天文地理・初識天文

5歲左右，孩子可能就會熱衷於提出很多關於宇宙的問題，他們也逐漸能夠理解非常抽象的天文概念了。這時候我們就可以和孩子一起仰望星空，借助相關科普書，給孩子講解太陽系、月相變化等知識了。

我們還可以利用生活中的材料幫助孩子具象地理解這些抽象的天文知識。比如，利用孩子愛吃的奧利奧餅乾，就可以充分地展示月亮由圓到缺再到圓的完整月相變化過程。

製作太陽系模型

動物植物・生物分類

大部分孩子對動物和植物都有著天然的濃厚興趣。我們可以先對生物種類進行分類，然後再發現相似、建立聯繫。透過分類和建立聯繫的方法，我們可以帶孩子一起觀察和思考，從而全面、深入地瞭解生物世界，並且明白生物存在的意義。在觀察大自然的過程中，我們對待生物的態度會真正地幫助孩子建立最初的環保意識。

蒙特梭利博士曾寫道：

> 教育已獲得感知能力的孩子是另一種完全不同的挑戰……由於他們已經能夠感知葉子與花朵的形狀和顏色的微小不同，還有昆蟲的各種特點，因此我們所展現的一切事物、給予的一切想法、誘導的一切觀察行為都需要圍繞他們的興趣展開……所做的一切，都是為了讓他們學會觀察，並激發他們對觀察的興趣。

當孩子認識了很多動物、植物之後，就可以借助小模型或者小卡片對生物物種進行分類了。據科學家估計，目前世界

觸摸樹皮

上約有八百七十萬種生物，這麼多種類，如果沒有分類意識，就很難系統地認識和研究。因此，分類是生物學的基礎，也是幫助孩子建立邏輯思維和科學思維的第一步。

我們的分類結構是：先區分生物與非生物，再將生物分為動物、植物、微生物，最後是動物和植物的詳細分類。

這個年齡階段的孩子認為所有事物都有生命，因此他們分不清楚生物和非生物。我們可以用真的小貓和玩具小貓來比較，和孩子探討得出生物與非生物的區別：生物需要呼吸，需要吃喝拉撒，都會經歷出生、成長、老化和死亡這個過程。然後再和孩子一起找找看，身邊的東西中，什麼是生物，什麼不是生物。

再將生物進行分類。生物分為動物、植物和微生物，孩子只需瞭解微生物的存在即可，重點是做動物和植物的分類遊戲。

和孩子一起探討動物和植物的區別，比如動物可以移動位置，植物是在一個位置保持不變的；植物可以自己製造食物，動物卻不能，所以動物要動來動去找食物等。

再之後我們就可以分別深入地瞭解動物和植物了。

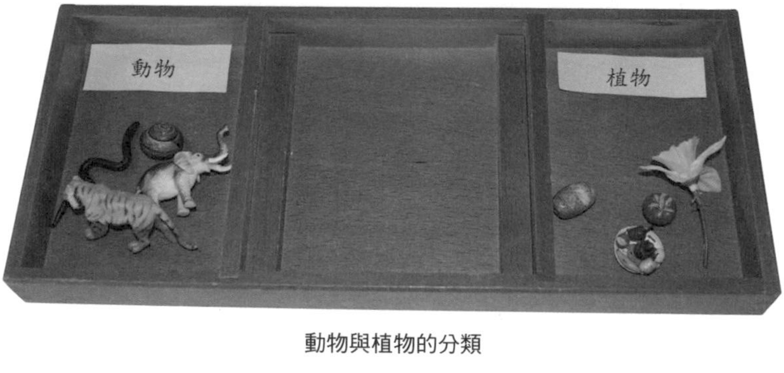

動物與植物的分類

動物植物・動物

認識動物的途徑和方式有很多。我們可以帶孩子在戶外認識不同的動物種類。先從社區裡的小花園開始，看看能找到多少種小小的昆蟲。可以在池塘邊一起欣賞各種魚，雨後聽青蛙們演奏「交響樂」。

我們可以帶孩子去野外，發現各種動物的蹤跡，悄悄觀察小松鼠吃堅果的模樣。我們可以帶孩子去動物園，在那裡，他們會見到平時見不到的動物，比如兇猛的野生動物、罕見的極地動物、半夜才出現的夜行動物等。

我們也可以和孩子一起在家裡養烏龜、蚯蚓、小貓、小鳥等。和孩子一起持續地觀察，瞭解動物的習性，教孩子如何照顧小動物。比如養小鳥就要定期清理籠子，每天換水和添加食物。

當孩子積累了大量對動物的直觀印象後，接下來就可以開始為動物分類了。分類方式不是唯一的，但最常見的分類方式是分成脊椎動物和無脊椎動物。然後再進一步可以分為：哺乳動物、鳥、爬行動物、兩棲動物、魚和昆蟲。

我們可以透過拼圖、模型或者繪本，跟孩子介紹每種動物的身體部位、生命軌跡等。

動物生長軌跡模型

我們也可以按照其他方式對動物進行分類。比如按照動物的生活環境來分，是生活在水裡、陸地還是天空。動物的生活環境多種多樣，為了能夠更好地生存，牠們的身體結構和生活習慣都要非常適應這個環境才行。

拋磚引玉

爸爸：「什麼動物在天上飛？」
孩子：「鳥。」
爸爸：「狗為什麼不能在天上飛啊？」
孩子：「狗沒有翅膀。」
爸爸：「對，而且狗太重了，小鳥都很輕，牠們骨頭輕、內臟小，甚至不小便，因為尿液很重。」
爸爸：「天空中很冷，但是鳥有很輕又很暖和的羽毛。我們的羽絨衣就是用羽毛製成的。」
爸爸：「那什麼動物在水裡生活？」
孩子：「魚。」
爸爸：「狗可以在水裡生活嗎？」
孩子：「不可以。小狗在水裡不能呼吸。」
爸爸：「對啊，其他很多動物在水裡都沒法呼吸。因為水裡的空氣不是很多，而魚可以透過鰓在水裡呼吸，雖然水裡空氣不多，但是魚鰓有很多層，也就有了很多接觸水的機會，吸收水中不多的氧氣。」

還可以按照繁殖方式對動物進行分類，分成胎生動物和卵生動物。

胎生，就是寶寶在媽媽體內發育，從媽媽的肚子裡生出來，吃媽媽的奶長大。大部分哺乳動物都是胎生。

卵生，就是寶寶在媽媽身體外發育，寶寶自己給自己提供營養，獨立成長。比如雞蛋就是雞的卵，魚子就是魚的卵。鳥、爬行動物、兩棲動物、魚和昆蟲大多都是卵生。

當孩子熟悉了動物的各種分類之後，我們就可以跟他玩一個動物猜謎遊戲了。將很多張動物卡片在地毯上鋪開，陸續給出線索，讓孩子逐步做排除，最後留下的就是謎底動物。比如告訴孩子，這個動物是哺乳動物，孩子就可以將其他類別的動物拿走。按照一系列的提示，孩子最終就能找到謎底動物。

我們可以在生活中透過聊天的方式，啟發孩子深入研究動物的興趣。

動物猜謎遊戲

拋磚引玉

孩子看到天空中有很多燕子飛過，發出了感嘆：「看！好多燕子啊！」

爸爸：「燕子要飛到南方過冬去了。」

孩子：「為什麼？」

爸爸：「天冷了，我們可以穿上厚厚的衣服，燕子有衣服嗎？」

孩子：「沒有。」

爸爸：「所以燕子只能去暖和的地方過冬，飛向南方，飛到東南亞，甚至南半球。」

孩子：「它們還回來嗎？」

爸爸：「要回來的。等天氣暖和了就回來了。因為北方白天長，吃的東西也多，適合燕子養育寶寶，有的燕子認路本領很強，還能回到去年住過的屋簷下呢。」

爸爸：「燕子可以飛走，那你想想還有其他不會飛，或者飛不遠的動物，牠們要怎麼過冬天呢？牠們也沒有大衣啊。」

孩子：「躲在家裡。」

爸爸：「對啦，可以在洞裡睡大覺。除非發燒了，很多像我們一樣的動物，身體的溫度不會隨著天氣的冷熱而變化。可是還有很多動物，比如烏龜，天氣熱的時候牠們的身體也很熱，天氣冷的時候牠們的身體也很冷。為了度過寒冷的冬天，牠們就提前吃好多東西，然後找個洞去睡大覺了，這就是冬眠。等到來年春天，牠們才會慢慢醒來。」

動物植物・人

人是動物的一種，屬於哺乳動物，並且是大自然中最高級的動物。透過相關書籍，我們可以和孩子一起瞭解人體器官和系統，也可以在日常生活中透過手工或者對話引導孩子瞭解自己的身體。

在給孩子介紹人體的時候，注意要同樣自然地介紹隱私部位，並給予孩子保護隱私的意識。

當孩子開始對「我從哪裡來」這個問題感興趣時，要給予孩子簡短而科學的解釋：「爸爸的精子和媽媽的卵子結合，形成受精卵，最後發育成胎兒。胎兒在媽媽肚子裡待了幾個月，寶寶就出生了。」

在跟孩子一起跑步的時候，也是向孩子介紹呼吸系統的絕佳機會。

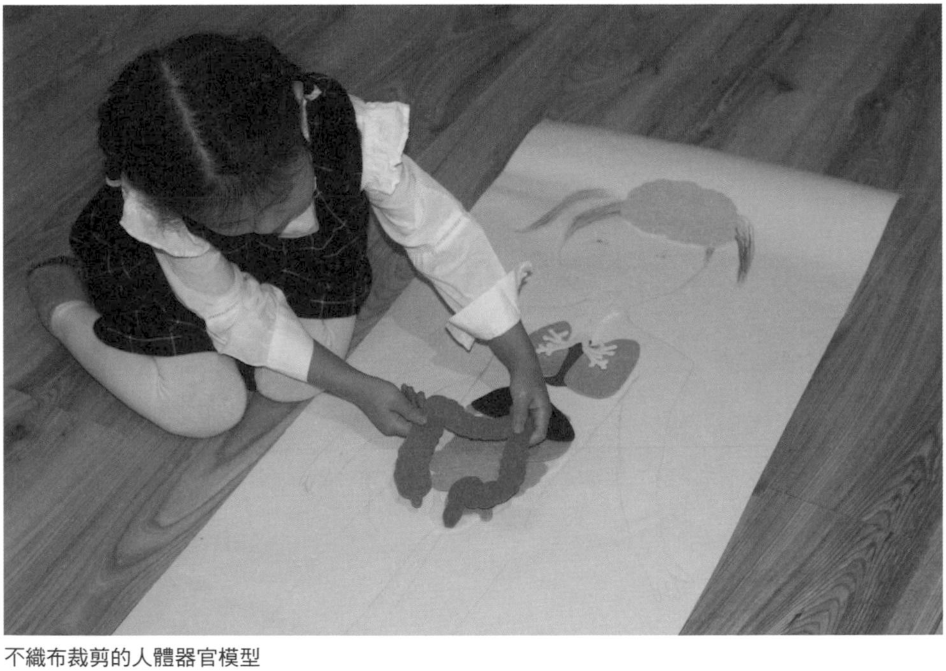

不織布裁剪的人體器官模型

拋磚引玉

爸爸：「聽到我們跑步時嘴裡發出的聲音了嗎？」

孩子：「呼呼呼。」

爸爸：「這叫作氣喘吁吁，是呼吸加快引起的，因為現在我們需要呼吸更多的氧氣，來產生更多的能量。」

孩子：「為什麼？」

爸爸：「人和動物都需要氧氣，所以我們要吸氣，吸氣的時候空氣進入肺中，再由肺將氧氣輸送到血液中，再運送到身體的各個部位。」

爸爸：「摸摸我們的心跳，是快還是慢？」

孩子：「怦怦跳，很快。」

爸爸：「因為心臟掌管著我們全身血液的流動節奏，心臟跳動的時候，肺先是膨脹，將空氣中的氧氣輸送到全身，然後收縮，將汙濁的空氣排出體外。肺和心臟是一起合作的。所以，跑步的時候，呼吸加快，心跳也加快。」

動物植物・植物

關於植物，我們可以在家裡的玄關處準備一個植物桌，在桌子上備一個放大鏡。每當孩子在外面蒐集到大自然的寶貝時，都可以展示在這裡，比如鳥兒的羽毛、漂亮的石頭、秋天的葉子等。

去野外的時候，要告訴孩子：「我們只能觀察，每次只能撿一個寶貝，因為這是屬於大自然的，我們不能拿太多。」即使孩子還聽不懂，我們也有必要從小給孩子培養一些環保意識。

在大自然中，我們可以帶孩子從認識樹開始，再到認識葉子、花、果實和種子。

植物桌

樹

帶孩子認識樹木的時候，要告訴他樹的不同部位：樹根、樹幹、樹枝、樹葉。我們通常只能看到樹根的一小部分，要是把樹根挖出來的話，可能比整棵大樹都要大得多。這麼大的樹根，緊緊地抓住土壤，從土壤中汲取水和養分，而且這樣，樹也不容易倒。

樹幹是樹的主要部位，從樹幹上延伸出樹枝。樹幹和樹枝將樹根汲取的養分運輸到樹葉上。樹葉吸收了從樹根、樹幹、樹枝送來的養分，然後透過光合作用，樹才能成長。

簡單地解釋光合作用，就是當陽光照射到樹葉上時，樹葉就開始工作，生產出很多汁液，再運輸到樹的各個部位。

先讓孩子在大自然中產生最生動的感官認識，之後回到家再做對應的塗色或者拼圖練習。

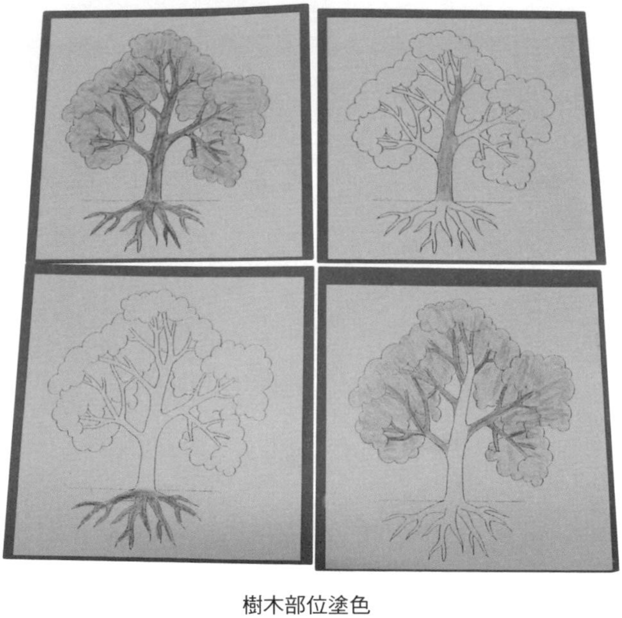

樹木部位塗色

葉子

秋天時，我們可以帶孩子一起蒐集各種落葉，然後按照葉子的形狀進行分類。和孩子一起用放大鏡仔細觀察葉子的細節，孩子會發現大自然之美：世界上竟然沒有兩片一模一樣的葉子。

我們還可以告訴孩子：「葉子上的這些小突起，叫作葉脈。它們就像我們身體裡的血管一樣，可以讓葉子裡的汁液流通。我們可以一起描畫出葉脈來。」

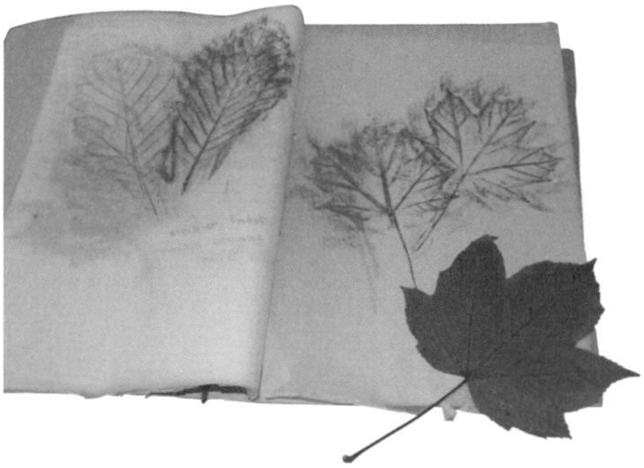
描畫葉脈

葉形分類

花

我們還可以跟孩子一起種花、插花。欣賞花的美麗之後，再和孩子探討為什麼花這麼美。

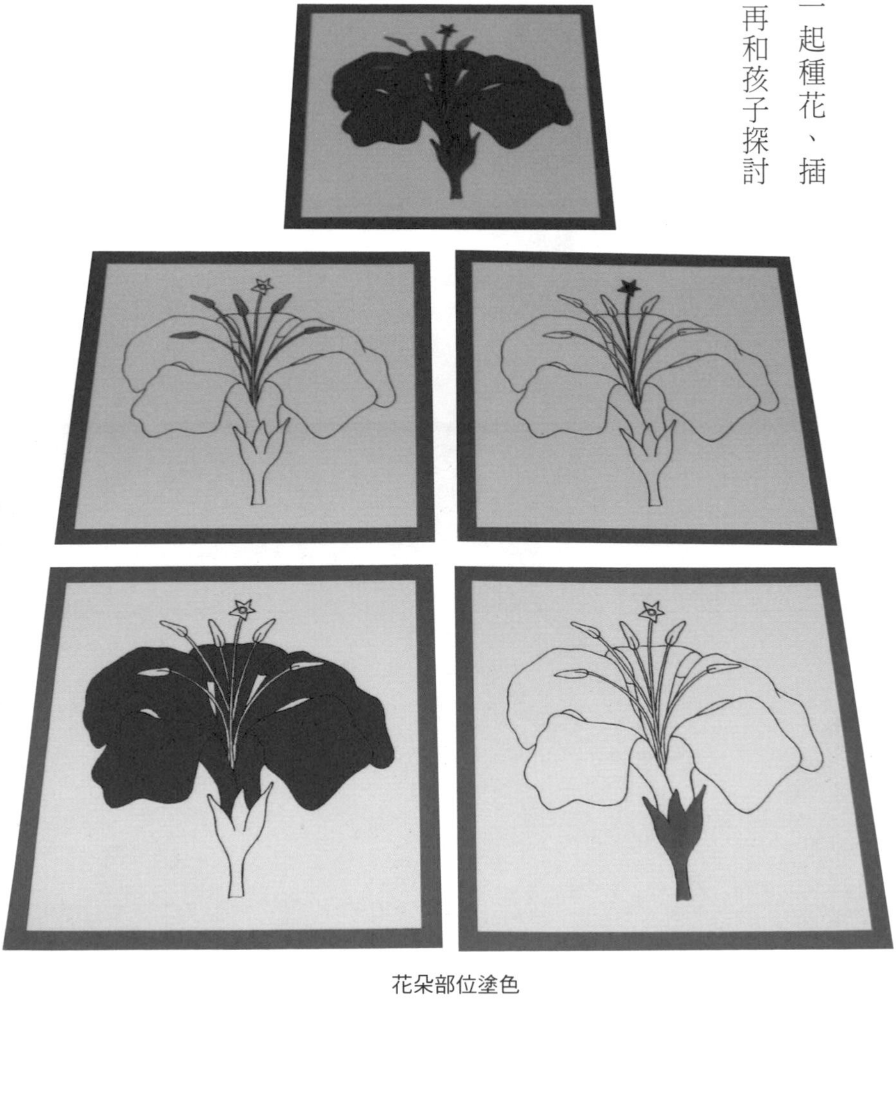

花朵部位塗色

拋磚引玉

孩子：「植物的寶寶在哪裡呢？」

爸爸：「種子就是植物的寶寶。」

孩子：「種子在哪兒？」

爸爸：「花就是孕育種子的地方。花的爸爸媽媽是花蕊。中間的是雌蕊，是媽媽，外面的是雄蕊，是爸爸。」

孩子：「花的爸爸媽媽怎麼生寶寶呢？」

爸爸：「雄蕊的花粉到了雌蕊上，就能發育成有種子的果實。大多數花朵的雄蕊更喜歡同一種花朵別的花上的雌蕊，我們叫作異花授粉。」

爸爸：「你看，花自己會動嗎？」

孩子：「不會。」

爸爸：「那它怎麼傳粉呢？怎麼將雄蕊的花粉傳到另一朵花的雌蕊上呢？」

孩子：「蜜蜂。」

爸爸：「對，植物想了很多辦法。昆蟲就是傳粉的好幫手。花粉這麼漂亮，香氣撲鼻，還有花蜜，這些都是為了吸引昆蟲。昆蟲吸食花蜜時，花粉會黏到昆蟲的身上，昆蟲飛到另一朵花上，就順便將花粉帶過去了。這種靠昆蟲來傳粉的花叫作蟲媒花。」

爸爸：「假如你是植物，除了昆蟲，還有什麼辦法可以傳粉呢？」（給孩子留一些時間思考，改天可以在合適的機會再次啟發。）

爸爸：「有的花沒有香味，也不那麼漂亮，但是很輕很小，風很容易吹動，它就可以利用風來傳粉，這種花我們叫作風媒花。比如水稻啊、小麥啊、松樹啊，它們的花都是風媒花。」

果實和種子

在和孩子一起品嘗水果的時候，我們可以先將水果從側面切開，帶孩子一起觀察果實的結構，認識果實的不同部位，探討果實的作用。

我們可以在花園裡或者陽臺上和孩子一起種一些植物，帶孩子一起觀察種子的成長過程。還可以用倒敘的方法，講述種子的故事，比如和孩子聊一聊盤中的每顆白米從何而來。

拋磚引玉

爸爸：「想一想，果實是怎麼來的呢？」

孩子：「植物長出來的。」

爸爸：「對。植物的花朵傳粉成功後，花瓣就掉落了。花下面的子房，就開始變大，越變越大，最後變成果實。」

爸爸：「可是植物結出果實並不是為了吃，而是要帶著種子傳播。你愛吃甜甜的水果，那還有誰也愛吃？」

孩子：「動物。」

爸爸：「對，你想想動物怎麼將果實裡的

水稻的種子

種子帶到別的地方呢？」

孩子：「可以黏到身上。」

爸爸：「對，比如蒼耳種子，外面有小倒鉤，可以黏在動物身上，跟著動物到處旅行。最後落在一個地方，長成新的植物。如果動物把果實吃掉了，種子又會到哪裡了呢？」

孩子：「肚子裡。」

爸爸：「然後呢？」

孩子：「哈哈，拉出來。」

爸爸：「哈哈，對，動物吃了果實，然後透過大便拉出種子。種子也跟著動物旅行了。還有一種愛吃種子的動物記得是誰嗎？」

孩子：「小松鼠？」

爸爸：「對。松鼠愛吃各種堅果，於是它總是往土裡儲藏很多，但是松鼠很健忘，經常就忘記自己埋在哪裡了，於是這些種子就在土裡生長，長成新的植物了。」

爸爸：「想一想，如果你是植物，有沒有辦法不透過動物來傳播種子啊？」

孩子：「風吹。」

爸爸：「對啊，還記得什麼植物可以被風吹嗎？」

孩子：「蒲公英。」

爸爸：「是的，風一吹，蒲公英的種子就飛向遠方了。還有一種植物，果實成熟後，一碰就會爆炸，種子就像子彈一樣發射出去了，比如鳳仙花。」

爸爸：「那想一想水可不可以運輸種子呢？」

孩子：「可以啊，椰子的種子就是飄在水裡的。」

動物植物・生態系統

當孩子對生物與非生物、動物與植物有了初步的瞭解之後，我們就可以和孩子一起，探索生物與非生物之間，以及不同生物之間的關係了。比如和孩子一起觀察魚缸。

當孩子對動物之間誰吃誰產生了興趣時，我們就可以向他介紹食物鏈的概念了：螞蚱吃草、鳥吃螞蚱、蛇吃鳥、貓頭鷹吃蛇、微生物分解貓頭鷹屍體和凋零的葉子。這就是一條食物鏈。食物鏈大多是從植物開始，到兇猛的肉食動物終止。

不過在這條食物鏈上，每一種動物的食物不一定是單一的，比如蛇還會吃青蛙。於是我們可以再從蛇引出一條食物鏈。

如果我們把很多食物鏈都畫出來的話，就會看到這些食物鏈形成了一個網，叫作食物網。

大自然中，如果一種動物變少了，就會影響到整個生態系統。比如蛇變少了，那貓頭鷹的食物就會變少，很多貓頭鷹可能就會餓死，也會變得越來越少，而蛇吃的鳥卻會因為蛇變少了而變得越來越多。因此，我們要保護多種多樣的生物，保護我們的大自然。

觀察魚缸

拋磚引玉

爸爸：「這裡有非生物嗎？」

孩子：「有啊，水就是非生物。」

爸爸：「那有生物嗎？」

孩子：「當然有啊，小魚。」

爸爸：「小魚是動物，那還有植物嗎？」

孩子：「有啊，水裡的草。」

爸爸：「對，水草就是植物。這個小小的魚缸裡，有生物也有非生物，有動物也有植物，這就是一個小小的生態系統。」

爸爸：「有了陽光和水，水草就可以生產出小魚需要的氧氣和它們都需要的有機物。小魚吃掉水草後排出糞便，以及凋零的水草，都會被微生物分解，再成為水草成長的養料。」

爸爸：「這個魚缸裡，有的是生產者，就是會生產出一些東西的，比如水草能產出氧氣；有的是消費者，就是會消耗一些東西的，比如小魚，會吃掉水草；有的是分解者，比如我們看不見的微生物，它們會將魚缸裡的垃圾，比如小魚的糞便分解掉，又變成養料。」

孩子：「哈哈，糞金龜也是分解大便的。」

爸爸：「對。魚缸只是一個小小的生態系統，自然界是一個很大的生態系統。但是所有生態系統中都有生產者、消費者和分解者，而且它們的角色不是固定的，比如糞金龜，既是分解者，也是消費者。」

時間歷史・日曆、週曆和年曆

孩子上了幼兒園之後，可能總是會問一些與時間有關的問題，比如：「今天我去幼兒園嗎？」、「什麼時候放假啊？」、「現在是明天了嗎？」……

時間是個無比抽象的概念，很難跟孩子解釋清楚，但是我們可以想辦法用具象的方式將時間儀式化，帶孩子一起感受時間、認識時間和管理時間。透過思考時間、瞭解歷史，可以和孩子展開哲學討論，討論什麼是愛、什麼是金錢、什麼是和平……。

我們可以製作日曆、週曆、年曆，分別記錄一天、一週、一年的時間歷程。

日曆可以用照片或者圖畫的方式記錄下一天的流程，按照順序黏貼在一張長長的紙上。這樣便於孩子形成規律的生活習慣，也可以預

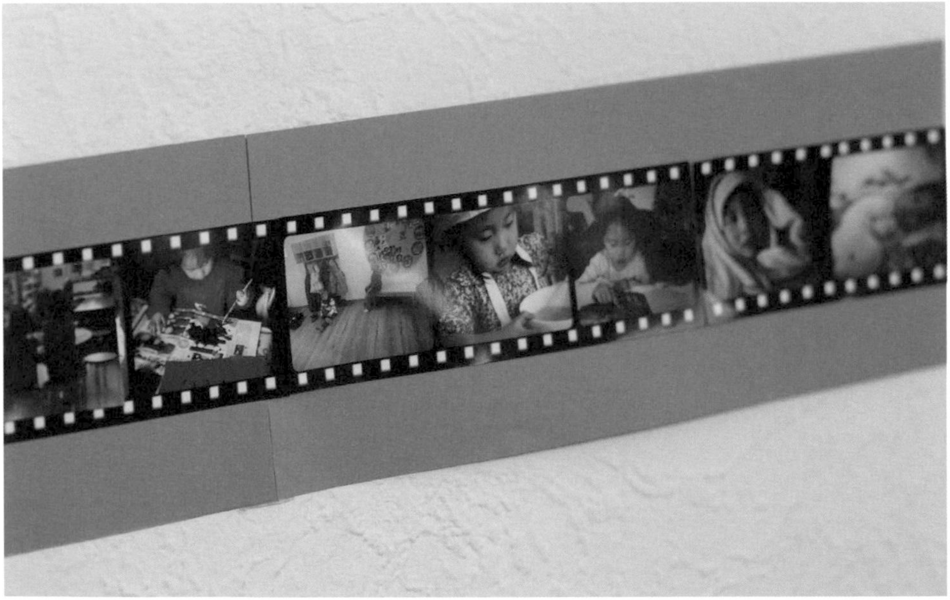

照片日曆

測接下來將要發生的事情。

用同樣的方法，我們可以製作一週的長卷圖。因為每週的安排可能會稍微不太一樣，所以我們可以將一週長卷圖設計成可移動式的。在這個過程中，孩子也逐漸瞭解了過去、現在和未來的概念。

讓孩子最興奮的還要屬年曆了。我們可以按照孩子的身高，在房間牆壁的相應高度上黏貼一卷6～7公尺長的橫向年曆，形象化展現一年的歷程。

長卷年曆上每個季節、每個月份的開始處我們都用文字和圖片標記出來，每天早晨可以帶著孩子一起找到這一天的位置，然後黏貼星期幾的標籤。

一年中的重點事件，比如家庭成員的生日，可以讓孩子提前自由選擇黏貼紙做備忘。我們家的年曆上，女兒在每個人的生日那天都

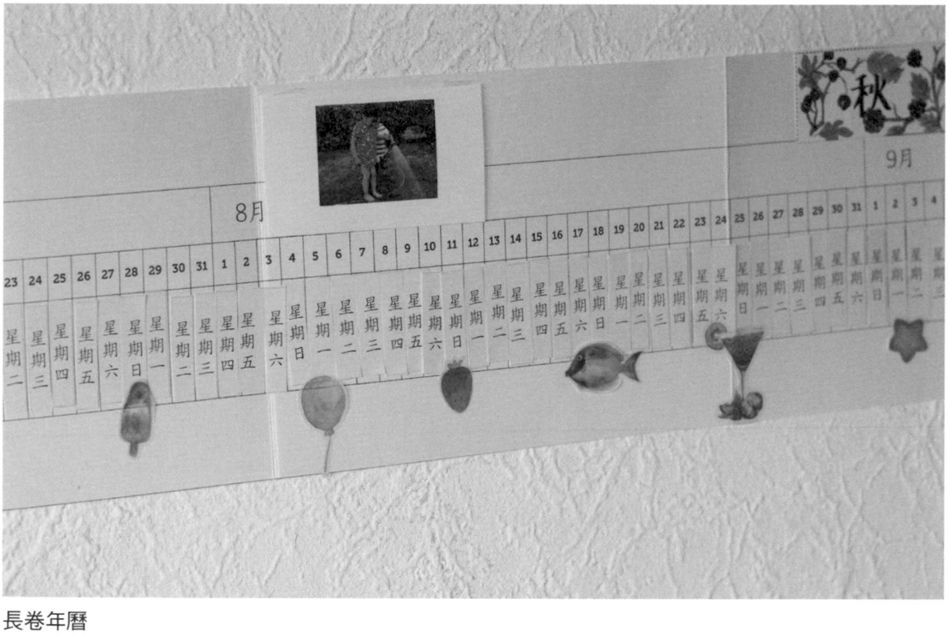

長卷年曆

黏貼了氣球貼紙；在要去餐廳吃飯的日子黏貼了果汁貼紙；在要去摘草莓的日子黏貼了草莓貼紙；在開學的日子黏貼了星星貼紙，因為她在星星班……。

有了長卷年曆，我們便不再發愁如何回答孩子永無止境的時間問題了。日久天長，我們甚至可能會發現，孩子的數學邏輯也在飛速發展，因為長卷年曆上的一個個日期就像數學裡的珠鏈，孩子可以像數金珠一樣數日子，要知道，孩子是一群多麼期待未來的小生命啊。

拋磚引玉

孩子：「媽媽，我們哪天去水族館啊？」

媽媽：「8月18號。」

孩子：「媽媽，我在年曆上找到了，還有6天。」

媽媽：「對，還有6天。你在8月18號那天備註一下吧，這樣你自己就能知道還有幾天去水族館了。」

孩子：「媽媽，我黏了一條魚。魚就代表水族館。」

時間歷史・沙漏和時鐘

在生活中，我們可以借用不同時長的沙漏，隨機讓孩子形象地瞭解3分鐘是多久，10分鐘是多久。

拋磚引玉

孩子：「媽媽，雞蛋什麼時候煮好啊？」
媽媽：「3分鐘。你看這是3分鐘沙漏，沙子漏完就是過了3分鐘。」
孩子：「媽媽，3分鐘過了一半了。」
媽媽：「那快了。」

等孩子對時間有了基本的概念時，我們就可以跟他介紹時鐘了，告訴他：「沙漏能用來計算很短的時間，時鐘可以用來計算一天的時間。」

用沙漏感知時間

拋磚引玉

孩子：「媽媽，我們什麼時候出去玩？」

媽媽：「5點。這根短針是時針，當它指向5時，我們就出發。」

孩子：「現在時針指向4。」

媽媽：「4點到5點，還有一個小時。」

孩子：「媽媽，怎麼還不到5點啊？」

媽媽：「是啊，你在那裡守著看，時間就過得很慢，要不你找點喜歡的事情來做，說不定很快就到5點了。」

孩子：「那我畫畫吧。」

（過了一個小時。）

媽媽：「馬上5點了，我們要準備出發了。」

孩子：「怎麼這麼快啊，我還沒畫完呢。」

媽媽：「當你認真、專注的時候，時間就過得很快。」

當孩子掌握了數學中1～12的數量對應後，我們便可以購買或者自製一個簡易時鐘來教孩子認識時間。先介紹時鐘上的12個數字，告訴孩子這些數字代表時間，時針指向幾就是幾點。然後移動時針，和孩子一起從1點讀到12點。

當孩子透過蒙氏數學中的金珠和彩珠，能夠熟練地連續數和跳著數後，再給孩子介紹分針。首先和孩子一起發現時鐘上的「12」和「1」之間分成了5格、「1」和「2」之間也是分成了5格，以此類推。然後跟孩子解釋1格代表1分鐘，和孩子一起5分鐘、5分鐘地數，一直數到60分鐘。在此過程中，孩子明白了1小時分為60分鐘，比較長的指標叫作分針，分針指向幾就是幾分鐘。最後和孩子一起觀察時鐘，發現分針轉一圈，時針才走一格。

當孩子認識了分數後，我們還可以向他介紹一刻鐘、半小時，等再晚些，再為孩子介紹12小時制和24小時制的時間概念。

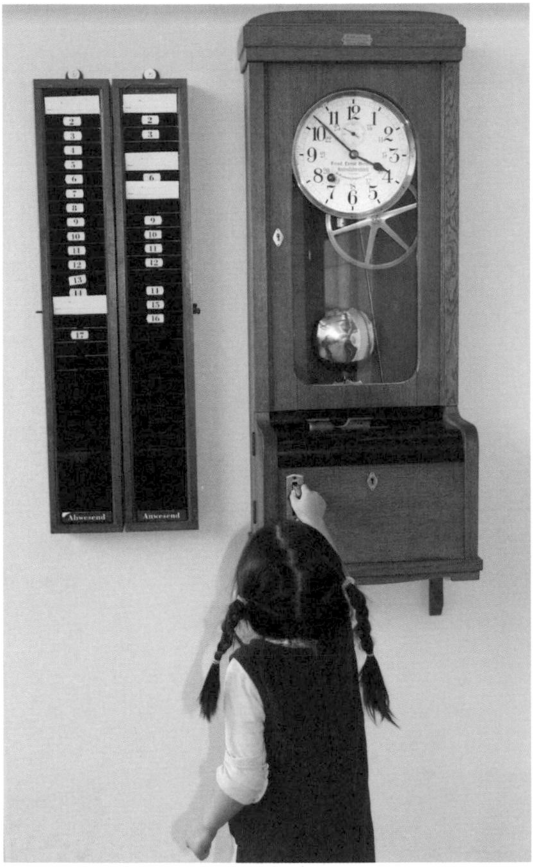

感受時間

時間歷史・生日

在蒙特梭利學校，孩子們過生日是別具一格的，而我們在家裡也可以為孩子舉辦一個蒙特梭利風格的生日聚會。比如為孩子製作一本生日小冊，從出生開始，每一頁黏貼上孩子這一年的經典照片，寫上這一年孩子成長中的經典故事。

在孩子生日當天，所有家人圍坐在一起，中間擺放一個用彩紙製作的太陽。媽媽在旁邊點亮幾根蠟燭。孩子手捧地球儀，站在媽媽身邊。媽媽打開生日小冊，給大家展示孩子出生時的照片，並念道：「×月×日，×點×分，×××在×××出生了……。」

然後讓孩子手捧地球儀圍著太陽轉一圈，再回到媽媽身邊。孩子吹滅一根蠟燭，媽媽展示孩子1歲時的生日照片，說道：「今天，×××滿1歲了，這一天發生了……。」

接著，孩子繼續手捧地球儀圍著太陽轉一圈，回到媽媽身邊，再吹滅一根蠟燭。以此類推，一直到孩子當前的年齡。這時，孩子會吹滅與當前年齡相應的所有蠟燭。

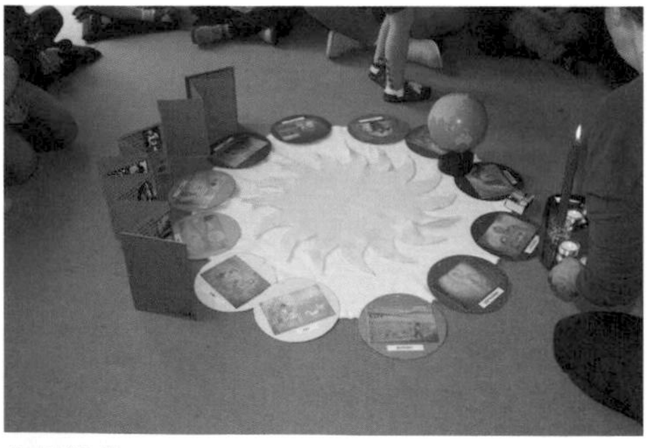

生日儀式

生日小冊

時間歷史・年齡

當孩子對自己的年齡有了基本的概念時，就會開始關心周圍人的年齡，這時我們可以和孩子一起做一個年齡調查統計表。在一張紙上，縱向寫上家庭成員的名字，從孩子開始，接下來是媽媽、爸爸、爺爺、奶奶……，每個方格代表1歲。當孩子看到爺爺奶奶下方長長的方格時，一定會驚嘆不已。

在這項活動之後，我們就可以製作家庭樹，幫助孩子瞭解家庭成員之間的關係了。

5歲之後，孩子會逐漸進入抽象思維階段，開始好奇過去發生的事，這時可以和孩子一起查閱老照片，講講媽媽小時候的故事，媽媽的媽媽的故事，甚至媽媽的媽媽的媽媽的故事。也可以給孩子介紹有關人類歷史的書籍。

家庭樹

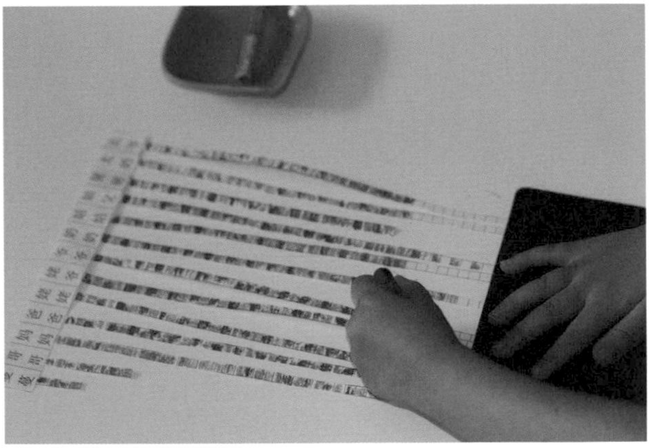

家庭成員年齡調查統計

科學實驗・空氣

很多人覺得物理對幼兒來說太難了。是的，這些專業的知識點的確很難，但掌握知識點並不是我們和孩子一起做科學實驗的目的，我們只是設計一些適合孩子當下年齡的具象、生動的小實驗，然後讓孩子自己操作，自己觀察，自己總結，以此來培養孩子的科學思維，為他埋下探索發現的火種。蒙特梭利博士曾寫道：

> 優質教學的祕密在於把兒童智力視為可以播種下種子的肥沃土壤，那些種子在想像陽光的照射下會發芽。因此，我們的目標不是單純讓兒童懂得，而是激發他們的想像力，從而讓他們更加朝氣蓬勃。

請謹記：在和孩子一起做科學實驗的過程中，我們不要著急給出結論，要為孩子留足觀察和思考的時間，還要多和他討論。只有孩子自己的發現，才能真正印刻在他的腦海中，激發更多的好奇心和求知欲。而每個實驗的過程，也能幫助孩子發展分析、歸納、總結等邏輯思維能力。

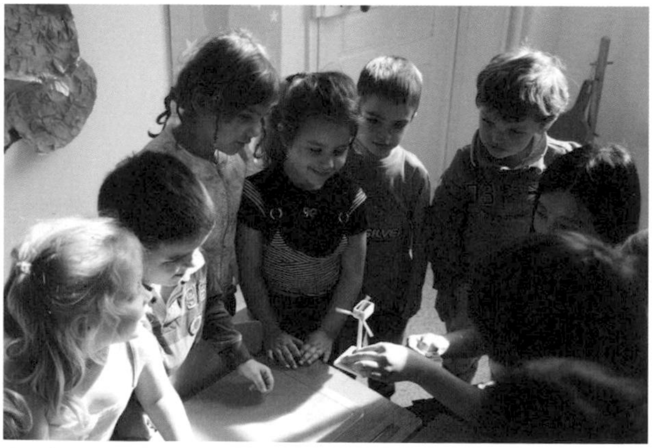

太陽能發電實驗

在天文地理部分，孩子已經瞭解了地球表面是由土和水組成的，而地球周圍全部都是空氣。空氣無色無味，那要設計一個什麼樣的實驗才能幫助4、5歲的孩子瞭解空氣的存在呢？

我們可以準備一盆水和一個空瓶子。先問問孩子瓶子是不是空的，孩子檢查之後說是空的。我們將瓶口向下慢慢放入水中，瓶口一直在水裡。這時慢慢會有很多泡泡冒出來，說明瓶子不是空的，裡面有很多空氣。

孩子往往會對燭火著迷。我們也可以利用這一點，跟孩子一起做個小實驗。將杯子罩在點燃的蠟燭上，發現蠟燭很快就滅了。為什麼呢？因為蠟燭需要空氣中的氧氣才能燃燒，當杯子裡的氧氣用完時，蠟燭就熄滅了。

我們還可以將杯子和蠟燭放在裝有水的盆裡，孩子會看到，在蠟燭燃燒的過程中，水也在逐漸往上升。然後和孩子一起探討這是為什麼。

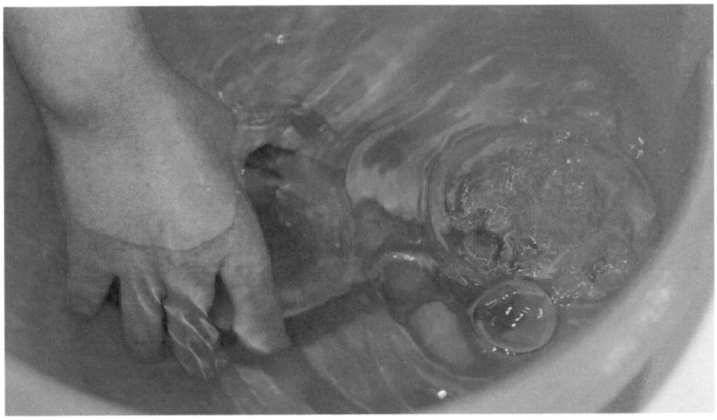

空氣存在實驗

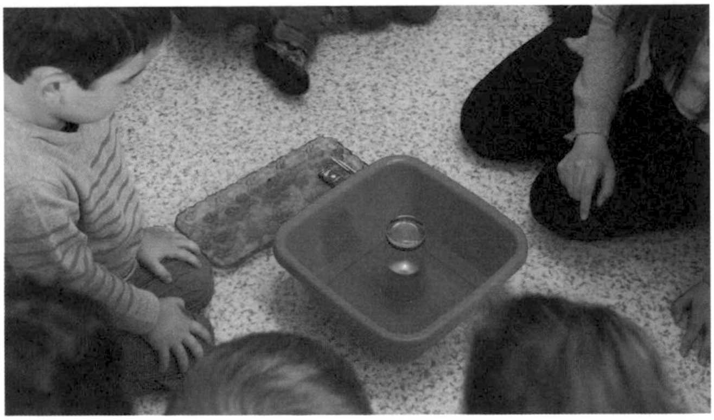

蠟燭燃燒實驗

科學實驗・水

大多數孩子都很喜歡水，我們可以和孩子一起在玩耍中探索水，幫助孩子整合關於水的感官經驗。

孩子洗澡前，我們可以準備一堆能浸水的小物品，比如玻璃球、塑膠球、氣球、瓶蓋等。孩子洗澡的時候，我們就來做一個實驗，將這些東西一個個放到澡盆中，看看會發生什麼事。比如將玻璃球放到水中，玻璃球沉下去了；塑膠球放入水中，塑膠球浮起來了……，可以讓孩子自己來嘗試，不斷跟他重複「沉」和「浮」這兩個概念。

再比如，我們還可以跟孩子嘗試將不同的液體倒入清水中，觀察上浮和下沉的結果，比如油、糖水、鹽水等。實驗結束後，這些結果都可以和孩子一起記錄下來。

當孩子對空氣和水都有了更加全面的瞭解後，我們就可以準備三個相同的瓶子：一個瓶子裡放土；一個瓶子裡放水；還有一個瓶子裡什麼也不放，代表空氣。再準備三個名稱標籤，分別是固體、液體和氣體。然後和孩子討論除了土以外，還有什麼是固體，比如桌子、杯子等；除了水以外，還有什麼是液體，比如牛奶、果汁等。

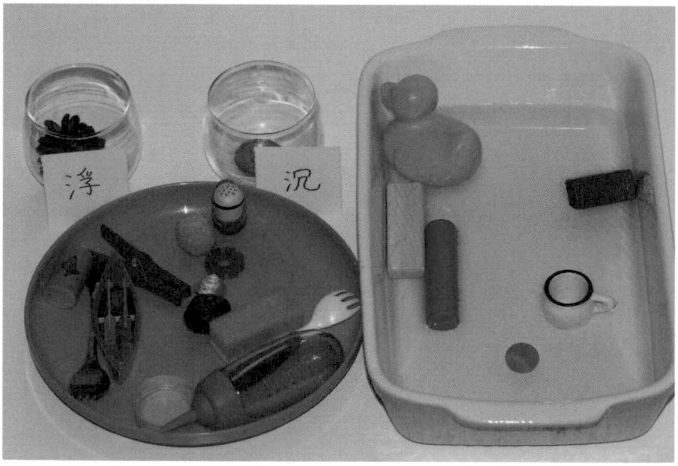

浮沉實驗

科學實驗・重力

秋天時，看到落葉飄零，我們可以問孩子一個問題：「為什麼落葉會飄落下來呢？」由此可以給孩子講述牛頓的故事：「有一位科學家，名叫牛頓，有一天他發現蘋果從樹上掉了下來……。」回到家再和孩子一起看看地球儀，再次提問並引發孩子思考：「我們居住在地球上，卻不會從地球上掉下來，也不會飄到空中，這是為什麼呢？」

在用簡單的語言向孩子介紹了重力的概念後，我們可以再跟孩子做一個實驗：準備好一堆小物品，比如羽毛、筆等，讓孩子站在沙發上，手裡拿著一個物品，舉到最高，再自然地鬆開手。

孩子會發現，所有的物品都會下落，不管是重的還是輕的，也不管是什麼形狀、什麼材料。之後再跟孩子一起觀察不同物品下落的速度和路線，做好觀察記錄。最後拿出兩張一模一樣的紙，跟孩子一起想辦法，看看怎樣才能讓它們下落的速度不一樣。

重力實驗

蒙氏爸媽日記

昨天女兒和奶奶視訊通話後，突然好奇地問：「為什麼奶奶那裡已經是晚上了，而我們這裡還是白天？」

於是我用地燈表示太陽，拿著地球儀轉動著，向她示範黑夜和白天。

今天她又對太空著迷，提問：「為什麼太空人飄在空中？」

我說：「是啊，為什麼呢？這是個好問題，我們會飄嗎？」

女兒笑著說：「當然不會啦！」

我又拿出地球儀，將一個樂高小人放在上面，說：「瞧，假如這就是我，我會牢牢地站在這個地球上，即使地球轉動，也不會掉下去。這是因為有一種力叫作重力，可以把地球周圍的物體『吸』住，讓它們不會飄在空中。」

我在示範的過程中，女兒靜靜地睜大眼睛，彷彿在說：這個世界怎麼這麼神奇！從孩子的「為什麼」開始，自然而然將地理、天文、物理等知識融合在一起，會極大地激發孩子繼續深入探索的興趣。

科學實驗．磁力

在孩子眼裡，磁鐵大概是個神奇的東西。我們可以準備一塊磁鐵和一筐小物品，跟孩子一起做個磁力實驗。選擇一個物品去靠近磁鐵，看看能不能被吸住。如果孩子已經會寫字或者畫畫了，可以請孩子做實驗記錄，將物品分為可被吸和不可被吸兩類。

這個實驗之後，孩子可能會拿著磁鐵在家裡到處嘗試，看看哪裡可以吸，哪裡不可以吸。

我們也可以準備一小盒別針，把它們一個個吸到磁鐵上，形成長長的鏈條，讓孩子感受一下磁鐵的力量有多大。

我們還可以準備兩個小碗，一個小碗裡放普通的沙子，另一個小碗裡放一些鐵砂。然後用手帕將磁鐵包住，去吸鐵砂，孩子會發現，磁鐵吸附了鐵砂；再拿磁鐵去吸沙子，孩子會發現，磁鐵並不能吸附沙子。最後將沙子和鐵砂混合在一個大碗裡，再用手帕包著磁鐵去吸，孩子會發現，磁鐵能將鐵砂都吸出來，從而將鐵砂和沙子分離開。

磁力實驗

科學實驗・聲音

我們可以讓孩子嘗試將手放在我們的聲帶處，大聲說話，讓孩子感受聲帶的震動。再讓他把手放到自己的聲帶上，感受震動。然後跟孩子解釋，聲音是物體的震動產生的，可以在空氣中傳播。

當孩子對聲音的傳播有了基本的認識，我們就可以跟孩子一起做小實驗了。我們可以用保鮮膜將小盤子包住，表面緥緊，再撒一些鹽粒在上面，輕輕拍打保鮮膜，鹽粒會跳起來。讓孩子把嘴巴接近保鮮膜大聲說話，但是注意不能大喘氣，然後就會發現，這樣做也能讓鹽粒跳起來。

我們還可以用長長的線將兩個優格杯大小的空杯子連接起來，製作一個簡易電話。我們和孩子相隔很遠，一個人站在線的一頭對著杯子說話，另一個人在線的另一頭聽杯子裡的聲音。

先提出問題引發孩子思考：「為什麼隔這麼遠還能聽到聲音呢？」

再給孩子解釋：「我們的聲音會在空氣中震動，同樣也能讓杯子震動，讓線震動，再讓線那一頭的另一個杯子震動，然後從另一個杯子透過空氣傳到你的耳朵裡。」

簡易電話

蒙氏爸媽三級通關

初級：多帶孩子親近大自然，瞭解不同的文化，參觀科學文化博物館，閱讀科學文化類的童書。認真回答孩子的「十萬個為什麼」，可以和孩子一起透過書籍或者網路來尋找答案。

中級：能夠從整體到局部為孩子展現科學文化各個領域的全貌，並根據孩子的節奏和興趣，進行某一條支脈上的細節拓展。任何一個領域、任何一條支脈的探索，都需要遵循從具象到抽象的介紹方法。

高級：擁有獨立的科學思維和開放的文化心態，能夠靈活、自然地將科學文化教育融入生活，隨時隨地鼓勵孩子自由地探索、思考和批判。

更多「在家蒙特梭利」科學文化啟蒙方案分享，請見：

尾聲 回歸蒙特梭利教育哲學

之所以將蒙特梭利教育原理的內容放在尾聲而不是開頭來講，是因為現今面向父母的育兒理論實在太多了，而實踐方法實在太少了。光有理論就猶如建起了空中樓閣，父母很難在短時間內應用起來。在從理論到實踐轉化的過程中，或許孩子已經長大，這樣就錯過了啟蒙的有效期。

因此我們帶著大家一起實踐，當實踐到一定階段時，相信很多父母會自發地想要全面瞭解蒙特梭利教育理念。從實踐回到理論，相信父母讀起來就不會如一開始就接觸深硬理論那般晦澀，啟發和共鳴也會更多，當再次回到實踐中的時候，便會融會貫通、遊刃有餘。

尾聲將帶你一起回歸蒙特梭利教育哲學。

成長的四個階段

首先為你展開蒙特梭利博士關於人一生發展的圖譜，如圖1所示。蒙特梭利博士將人的成長分為四個階段：0～6歲的嬰幼兒期、6～12歲的兒童期，12～18歲的青少年期，以及18～24歲的成年期。

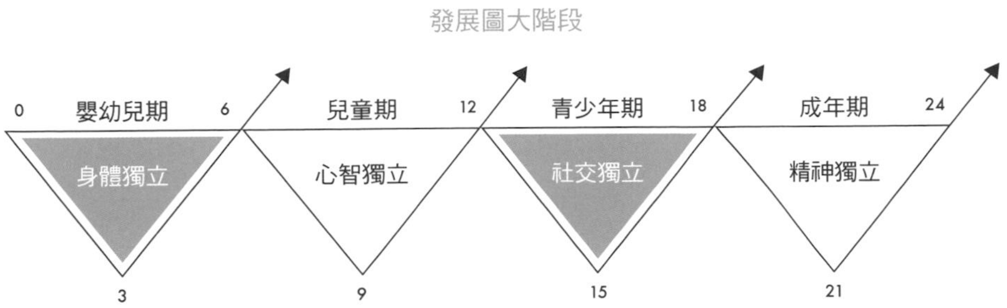

圖1　成長的四個階段

我們從這張成長圖譜中可以看到，孩子成長的每個階段都有各自的成長任務。嬰幼兒期的成長任務是身體獨立，兒童期的成長任務是心智獨立，青少年期的成長任務是社交獨立，成年期的成長任務是精神、道德等全面的獨立。

0～6歲，孩子的主要成長任務是身體獨立，其中0～3歲階段，孩子需要一個自由探索的環境來實現感官、動作和語言的發展；而3～6歲承上啟下，不只要讓孩子的感官、動作和語言逐步發展完善，全面實現身體的獨立，同時還要為第二階段實現全面的心智獨立做好啟蒙準備，比如文字、數學、科學文化等。此外，3～6歲也是第三階段社交獨立的起步期，在這個階段，孩子會開始關注家庭以外的關係，開始掌握基礎的社交技巧和禮儀。

以上這些都是3～6歲孩子的成長需求，只有能夠滿足孩子成長需求的活動，才對孩子富有意義。孩子也只有在這些活動中才能充分發揮內在驅動力，專注其中，從而獲得完全的發展及潛力的最大釋放，順利進入下一個成長階段。

發展的正常化與偏差

再看圖1中展示的成長四階段，第一階段和第三階段用彩色顯示，意味著這兩個階段是集聚能量的塑造過程，也是最不穩定的階段。我們都能感受到，在嬰幼兒期和青少年期，孩子會變得情緒起伏大、自我意識強烈，這段時期對父母的挑戰也最大。

如果孩子在這兩個階段能夠在具有穩定支援的環境中成長，那麼就會呈現出「正常化」的狀態。蒙特梭利博士所說的「正常化」不是我們常人理解的正常，而是身心能量的統合，外在表現為：熱愛現實生活、有秩序、有興趣、專注、獨立、有創意、有分享願望、有一定界限甚至逐漸表現出自律……。

如果在這兩個階段，孩子沒有獲得具有穩定支持的成長環境，尤其是在這兩個階段的後半段，即3～6歲和15～18歲，孩子就會表現出「行為偏差」，這尤其會挑戰父母的耐心和權威。具有「行為偏差」的孩子可能會呈現出混亂無序、動作失調、極度害羞、爭吵不休、占有欲強烈、極度自私、貪婪、奢侈、恐懼、口吃、懶惰、無安全感、無法專注、沉迷虛幻世界、自卑、極度依賴、謊話連篇、毫無規矩等行為。

如果孩子的身體出現了問題，那家長很容易發現，可是如果孩子在行為上出現了偏差，很多家長可能都無從察覺，甚至一些家長會覺得「這些都是正常的，長大了自然就好了」。

但事實上，孩子長大了並不見得會自然變好。我們每個人或多或少都帶著些童年時期的行為偏差直至成年，當孩子成長的環境一直在阻礙他的身心健康發展時，這個偏差很可能就會一直持續。沒有完美的人存在，因為沒有完美的童年。

我們懵懵懂懂地把孩子帶到了3歲，如果發現眼前的孩子開始表現出一些明顯的行為偏差，那麼3～6歲的這三年，就是我們可將孩子帶回到正常化軌道上的最有效機會。因為兒童期會更加平穩安寧，所以孩子在0～6歲遺留的行為偏差在兒童期似乎變得不那麼明顯；但是一旦來到身心劇變的青少年期，這些偏差行為就會凸顯出來，並且愈演愈烈，到時候就很難修復了。

那該如何幫助孩子趨向「正常化」地發展，又該如何幫助他矯正「偏差」的行為呢？蒙特梭利博士提出的方案是：讓孩子做有意義的活動。

那什麼是有意義的活動呢？就是我們在書中提供的這些活動。實踐中，我們要透過觀察孩子，捕捉孩子的興趣、識別孩子的敏感期，然後參考書中的這些活動方案為孩子準備適宜他的個性化活動。只有這樣的活動才能引起孩子的注意，由此讓他進入專注的狀態，實現自我建構，從而趨向正常化。

蒙氏爸媽日記

我每週都會帶女兒去一次超市，逛超市也是一種很好的親子啟蒙活動。出發之前，可以先列出購物清單，然後讓孩子照著清單買東西，孩子順便還能認識不少字。大多時候我來不及列清單，就和女兒一起找需要的食物。

我會為女兒示範如何挑選新鮮蔬果，挑顏色鮮豔的、沒有腐爛的、比較香的、比較重的……。

孩子選的不合適我也會實話實說，告訴她「這個不新鮮」，或者「這個太貴了，我的錢不夠」，又或者「這個不知道怎麼做菜，我們一起上網查一查，下次再來買」……。

今天要買白蘿蔔，就讓女兒觀察哪捆白蘿蔔比較多，一樣多的白蘿蔔，哪捆水分足，比較重。這些都是蒙特梭利教室裡的感官練習，生活中隨處可以應用。

女兒自己數夠了一週要喝的7瓶優酪乳。買番茄的時候，她還做了對比，選出了更划算的品種。

逛一趟超市，感官、語言、數學、科學文化的啟蒙順帶都做了，孩子也很開心、很滿足，回家後也不纏著要人陪，可以自己玩很久。

蒙特梭利博士說：有意義的工作能讓孩子正常化。真是每天都能在生活中得到印證啊！

吸收性心智和敏感期

如果說青少年期的變化是外顯的，那麼嬰幼兒期的變化則更多是內化的，而且具有印刻式的深遠影響。

蒙特梭利博士稱這個階段的孩子擁有吸收性心智，即嬰幼兒可以不費吹灰之力地吸收環境中的一

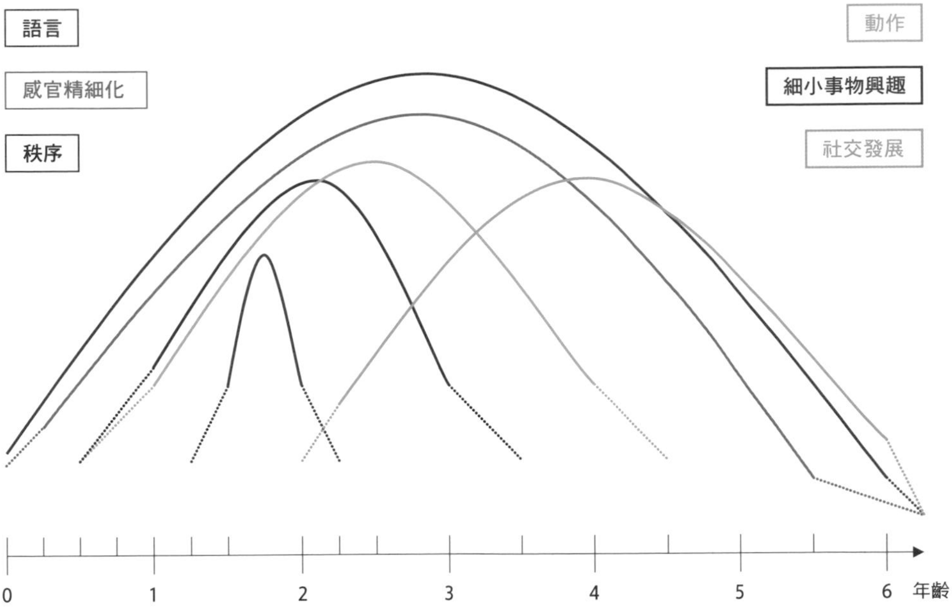

圖2　0～6歲孩子的6個敏感期

切，融入人格，伴隨一生。

人的一生中，大腦在可塑性最強的前6年裡，像海綿一樣吸收著身邊環境中的一切，而這6年，正是孩子最依賴父母的時候，可見，大自然賦予了我們機會和責任，錯過了便不能再來。這便是為什麼發展中的行為偏差在3～6歲時還能夠修復，而到了可塑性更低的青少年期，就不再那麼容易修復了。

孩子會自然地吸收環境中的一切，這叫吸收性心智，而當孩子對環境中的某一部分內容表現出強烈、持續的興趣，並且樂此不疲地重複時，這便是蒙特梭利博士所說的「敏感期」到來了。蒙特梭利博士提出6個0～6歲孩子的敏感期，如圖2所示。（本圖摘自德國蒙特梭利國際培訓師瑪利亞．若斯的教學手記。）

敏感期也是吸收性心智的極致體現，這在腦科學上已經有了很清晰的解釋，具體內容可以參見第二章。

如果孩子的敏感期被環境支持的話，他就會非常輕鬆地獲得某項能力；而如果錯過了敏感期，同樣的學習對孩子來說就會變得相當吃力，並且很難達到同樣的效果。不僅如此，敏感期的發展如果得不到輔助支持甚至被阻礙的話，孩子還會表現出煩躁、易怒，長此以往，就會形成行為偏差。

3～6歲的孩子多集中在感官精細化、語言、動作、社交發展這四個敏感期中。我們在感官探索、語言表達兩大主題中已經闡述了這兩個敏感期的意義。動作敏感期也比較顯而易見，孩子總是一刻都停不下來，當父母瞭解到這就是孩子的本能，瞭解到好動是孩子處於動作敏感期的體現後，便應該理解並支持他，比如每天保證2～3個小時戶外的大動作發展時間，並在家中給予孩子各種動手操作的精細動作發展機會。在各種活動中，也要充分借用孩子動作敏感期的特點，讓他動起來，比如來回運送東西，而不是讓他一直坐在那裡。在實踐中要靈活應用本書第一章提出的「距離遊戲」。

從2歲半開始，孩子就逐漸有了強烈的社交願望。和同齡孩子在一起時，對他們來說已經不僅僅是觀察和模仿了，他們想要更多的互動和合作。

當孩子在家中充分地意識到自己的獨立性後，就會開始意識到別人的存在，理解別人的情緒和想法，逐漸脫離以自我為中心的狀態。我們可以和孩子一起做家務，培養他為家庭服務的意識，還要在家庭中學習社交禮儀和技巧，這些都有助於孩子逐漸融入更大的集體。

3～6歲，大多數孩子都會進入幼兒園，在幼兒園度過白天的大部分時間。不同的幼兒園優勢、劣勢各不相同，所以家庭教育要與幼兒園的教育相配合。

如果孩子所上的幼兒園缺乏對某一敏感期的支持的話，家庭教育就需要在此方面多多側重。比如有的幼兒園精細動作發展的機會不多，那家裡就要多給孩子提供各種家務、手工等活動；如果幼兒園提供的感官體驗比較單一，那家庭教育也要做相應的補充。

自律、自由與限制

很多人會曲解蒙特梭利教育思想。有些人認為蒙氏教育是對孩子完全自由放任的一種教育，孩子想幹什麼就幹什麼；另一些人又認為蒙氏教育是紀律很嚴明的教育，缺乏自由精神。

其實蒙特梭利教育的重要理念之一，就是實現自由與限制的平衡。這兩者就像硬幣的兩面，缺一不可。

在家中，我們要盡可能地給予孩子自由，讓他實現充分的自我探索，發展自由意志。可以讓孩子自由選擇他喜歡的探索內容和探索方式，也可以自由地開始和結束。不過，父母要給予孩子基本的限制，限制的原則就是不傷害自己、不影響他人、不破壞環境。比如，孩子可以到處摸，但是禁止摸爐台；可以選擇不午睡，但是不能大喊大叫影響別人休息；探索大自然的時候，只可以撿，不可以摘。

限制也有不同的等級，有的是完全禁止，有的是不可以，有的是不鼓勵。父母要在生活中靈活地平衡自由與限制，成為有權威的民主父母。

蒙氏爸媽日記

最近女兒晚上睡覺前總吵著要脫掉睡褲，但是她晚上總是踢被子，所以每次她徵求我的意見，問我「能不能脫掉」時，我都會說：「穿著吧，晚上會冷。」可是她還會一直央求，於是我就會說：「你自己決定吧。冷了自己穿上。」

很多天裡，女兒都是光著腿不蓋被子睡覺的，而最近德國的晚上還不到10℃。我覺得她可能會冷，但是真的冷嗎？應該只有她自己知道。我不想跟她在這個問題上爭，畢竟不涉及人身安全，所以我說了「最好不要」，最終讓她自己決定。

有趣的是，後來連續兩天，睡前脫了褲子的女兒早上起床時竟然穿著睡褲，她說她半夜冷，就穿上了。

對於不涉及原則的事情，給孩子建議，讓他自己選擇，選擇後自己承擔後果。我已經說了「最好不要」，但如果你非要不可，那你就自己試試吧！

很多父母覺得紀律多了，孩子自然就會變得自律。但其實恰恰相反，只有給了孩子足夠的自由，尤其是在一個穩定的、自由與限制平衡得很好的環境中，那到了一定年齡階段後，孩子才會逐漸發展出自律。

蒙特梭利博士認為，自律的發展有三個階段：

- 自我中心（0～3歲半左右）；

● 他律（3歲半左右～5歲）；

● 自律（5歲以上）。

現實中，時間點不是那麼絕對，因為每個孩子都不一樣，但是自律發展的階段順序不會變，所以我們給予孩子的環境限制要符合孩子的發展水準。比如，帶著3歲的孩子去聽音樂會，要求他兩個小時裡安安靜靜地坐好不去打擾別人，那顯然就超出孩子的能力範圍了。

蒙特梭利博士曾寫道：

我們應該都有對自律的理解，自律只有在一定條件下才能產生，它不是天生就有的。我們的任務就是引導孩子走向自律之路。當兒童的注意力集中在吸引他的教具上時，自律就會應運而生，這個教具不僅給了他有益的練習，而且還帶有自我檢查的功能。透過這些練習，兒童內在驚人的協調感就體現出來了，他變得安靜、幸福、忙碌、忘我，對物質獎賞毫不關心。

尾聲這一篇內容是對蒙特梭利教育理念的簡單概覽，如有興趣，推薦大家閱讀我翻譯的另一本專為家長詮釋蒙特梭利教育理念的著作《蒙特梭利的溫柔式教養》，那本書是對蒙氏理論的全景展現。

當然，有精力的話更建議你去閱讀蒙特梭利博士的原著《吸收性心智》、《童年的祕密》、《發現兒童》、《人的成長》、《家庭中的兒童》等。

從理論再次回到實踐，相信你會發現自己有了飛躍式的成長。父母終身學習，便是孩子最好的榜樣。

致謝

《教會孩子照顧自己》出版之後，很多家長特別期待這本針對3～6歲孩子的書能出版。我們夫妻用一年半的時間盡快完成這本書，就是在拚盡全力追趕孩子們成長的腳步，希望能趕得上，希望越來越多的家庭能夠享有蒙特梭利教育。

在這裡，我要衷心感謝在寫書和出版過程中幫助過我們的眾多親朋好友。

感謝知識星球「在家蒙台梭利」社群的近千個家庭同我們一起在家實踐蒙氏教育，兩年來的互助分享，給我們提供了無數的靈感和經驗。

感謝生生媽媽、葡萄爸爸、米仔媽媽、綿羊爸爸、格格媽媽、阿妮卡媽媽、魏老師、陳垠老師等為我提供觀察和記錄的素材。

感謝領悅蒙台梭利教具公司的張錦芬女士，邀請我設計專門為在家實踐蒙氏教育準備的教玩具，以使書中呈現的蒙特梭利家庭方案能夠更好地落地實踐。

感謝經驗豐富的余湘芸老師、邵穎老師、曾菲老師、李裕光老師、劉冷琴老師、王美玲老師、李秀梅老師、任金江老師、藍晶晶老師、謝忠祐教授、曹棟博士、詩琳老師等與我們慷慨分享專業意見。

感謝身邊的父母朋友，包括張慧、楊超博士、劉海坤教授、馬蒂娜（Martine）、弗朗索瓦

（François）、皮埃爾（Pierre）、瑪利亞（Maria）、曹群、劉璐、趙筑平、陳臻等，為我們提供寶貴建議。

感謝我們的老師，德國AMI 3～6歲國際蒙特梭利培訓師瑪利亞．若斯，帶領我們夫妻進入蒙特梭利教育領域，並在之後的幾年中一直鼓勵和支持我們的事業。

感謝我曾任教的法國蒙特梭利學校的校長授權我使用當時班上的一些照片。感謝法國蒙特梭利班級的孩子們，以及顧喬的女兒愛美麗、邵琦的女兒艾瑪、楊超的兒子小康等友情出鏡。

感謝德國慕尼黑AMI培訓總部以及海德堡的蒙特梭利中心為我提供了很多觀察學習和拍照的機會。

感謝中國出版社湛廬文化的各位編輯老師用心地編輯和推廣這兩本書。

特別感謝為我們傾情作序和誠摯推薦的前輩老師們。

當然還要感謝我們的爸爸媽媽和弟弟妹妹們，是他們的無私支持才讓我們完成了這兩本書的創作。

最後還要感謝我們的女兒吳蔓之，是她給予我們珍貴的機會，讓我們能夠實現在家實踐蒙特梭利教育的夢想，享受為人父母的喜悅和成就。

3～6歲在家就玩蒙特梭利：
把握孩子成長敏感期，最實務的個性化家庭教育方案

作　　者 ｜ 尹亞楠、吳永和
社　　長 ｜ 陳蕙慧
副總編輯 ｜ 戴偉傑
主　　編 ｜ 李佩璇
行銷企劃 ｜ 陳雅雯、余一霞
封面設計 ｜ 卷里工作室
內頁排版 ｜ 簡至成
讀書共和國出版集團社長 ｜ 郭重興
發行人兼出版總監 ｜ 曾大福
出　　版 ｜ 木馬文化事業股份有限公司
發　　行 ｜ 遠足文化事業股份有限公司
地　　址 ｜ 231新北市新店區民權路108-3號8樓
電　　話 ｜ (02)22181417
傳　　真 ｜ (02)22180727
Email ｜ service@bookrep.com.tw
郵撥帳號 ｜ 19588272木馬文化事業股份有限公司
客服專線 ｜ 0800-221-029
法律顧問 ｜ 華洋國際專利商標事務所　蘇文生律師
印　　刷 ｜ 通南彩色印刷有限公司

初　　版 ｜ 2022年07月
定　　價 ｜ 380元
ISBN ｜ 978-626-314-222-0　(平裝)

中文繁體字版經廈門墨客智慧財產權代理有限公司代理，由CHEERS PUBLISHING COMPANY授權木馬文化事業股份有限公司獨家於臺灣、香港、澳門地區出版發行，非經書面同意，不得以任何形式任意複製轉載。

國家圖書館出版品預行編目(CIP)資料

3～6歲在家就玩蒙特梭利：把握孩子成長敏感期,最實務的個性化家庭教育方案/尹亞楠, 吳永和著. -- 初版. -- 新北市：木馬文化事業股份有限公司出版：遠足文化事業股份有限公司發行, 2022.07
216面；17×23公分
ISBN 978-626-314-222-0(平裝)
1.CST: 學前教育 2.CST: 蒙特梭利教學法
523.23　　　111009360